智能量化

龚晖 著

ChatGPT
在金融策略与
算法交易中的实践

Intelligent Quantification

The Practice of ChatGPT
in Financial Strategy and Algorithm Trading

北京大学出版社
PEKING UNIVERSITY PRESS

内 容 提 要

本书是一部全面而深入的量化金融实战指南,从基础的Python编程和量化金融概念出发,逐步引领读者进入金融数据分析、量化策略开发、算法交易及风险管理的高级话题。本书还探讨了生成式AI和ChatGPT在量化金融领域中的应用,为读者提供了一个全面的视角和实用的工具。

本书共分为5章:第1章作为基础,介绍了量化金融、算法交易和Python编程的基础知识;第2章专注于金融数据的获取和处理,包括如何使用APIs和Python库;第3章深入讲解了量化策略与模型,涵盖了从统计学到机器学习再到深度学习和Transformer模型及ChatGPT插件使用的多个方面;第4章是对算法交易与风险管理的全面解析,包括市场微观结构、交易策略和ChatGPT的Code Interpreter功能;第5章对量化金融和算法交易的未来进行了展望,包括人工智能在金融领域的机遇和挑战。

本书内容深入浅出,实例丰富,实用性极强,特别适合量化金融的初学者和专业人士,也适用于金融分析师、数据科学家和编程爱好者。此外,本书也可作为金融科技和量化金融相关培训课程的教材。

图书在版编目(CIP)数据

智能量化:ChatGPT在金融策略与算法交易中的实践/龚晖著. — 北京:北京大学出版社,2024.4

ISBN 978-7-301-34630-3

Ⅰ.①智… Ⅱ.①龚… Ⅲ.①人工智能–应用–金融业–研究 Ⅳ.①F83-39

中国国家版本馆CIP数据核字(2023)第213711号

书　　　名	智能量化:ChatGPT在金融策略与算法交易中的实践 ZHINENG LIANGHUA:ChatGPT ZAI JINRONG CELÜE YU SUANFA JIAOYI ZHONG DE SHIJIAN
著作责任者	龚 晖 著
责 任 编 辑	王继伟
标 准 书 号	ISBN 978-7-301-34630-3
出 版 发 行	北京大学出版社
地　　　址	北京市海淀区成府路205号　100871
网　　　址	http://www.pup.cn　　新浪微博:@北京大学出版社
电 子 邮 箱	编辑部 pup7@pup.cn　　总编室 zpup@pup.cn
电　　　话	邮购部 010-62752015　　发行部 010-62750672　　编辑部 010-62570390
印 刷 者	三河市博文印刷有限公司
经 销 者	新华书店
	880毫米×1230毫米　32开本　7.75印张　223千字 2024年4月第1版　2024年4月第1次印刷
印　　　数	1–4000册
定　　　价	59.00元

未经许可,不得以任何方式复制或抄袭本书之部分或全部内容。
版权所有,侵权必究
举报电话:010-62752024　电子邮箱:fd@pup.cn
图书如有印装质量问题,请与出版部联系,电话:010-62756370

前言

这项技术有什么前途

随着人工智能（AI），特别是自然语言处理（NLP）中的生成式AI工具如ChatGPT的飞速发展，金融领域正在经历一次技术变革。ChatGPT凭借其对文本的深度解读能力，在解析金融概念、解答相关疑问及分析市场情绪等方面都表现出色。更具体地说，AI提高了金融决策的全面性和准确性，助力于综合解读来自多种渠道的复杂信息。

其中，Transformer模型及其衍生版本，如BERT和GPT，在将NLP融入金融量化时，已经证明了其独特的价值。这些模型有能力整合如市场新闻、社交媒体动态和传统数值型数据，为用户呈现更全面、深刻的市场洞察。智能量化技术增强了投资与交易决策的质量，降低了人为因素导致的失误。此外，面对市场的持续变化，这些模型具备持续学习和调整的能力，确保策略与市场节奏同步。综合考虑，智能量化为金融机构和投资者提供了在复杂市场环境中取得优异表现的关键工具。

笔者的使用体会

在写作这本书的过程中，笔者对GPT-4有了深入的体验和了解。这是一款生成式AI，根据提问每次生成的内容都有所不同，而不仅仅是简单地根据既定的模式回答问题。对于用户来说，与ChatGPT交互的过程不仅仅是获得答案，更多的是与这一大型语言模型建立对话，不断提供反馈和精化样本来优化生成的结果。

事实上，正是因为这种独特的交互方式，笔者才得以从一个新颖的角度探索金融领域，而不受传统思维的约束。与ChatGPT的互动使笔者有机会挑战自己的认知，重新审视一些固有的观点，从而达到对金融知识的更深入的理解。

此外，通过与ChatGPT的对话，笔者也认识到，真正的大型语言模型不仅仅是为了"学习"用户的问题，更重要的是通过不断的对话和互动，优化模型的回应，使其更加贴近用户的真实需求和期望。这也意味着，用户和AI的对话不仅仅是获取答案，更多的是一个共同创造、不断进化的过程。

总的来说，笔者认为，与GPT-4这样的先进AI技术合作，不仅为本书的内容提供了独特的价值，更为金融领域的研究和教育提供了新的方向和思考。这种新的创作方式也使笔者深刻认识到，未来的金融教育和研究将越来越依赖于AI技术。而笔者坚信，传统的金融智慧与现代的AI技术相结合，将为读者带来一场知识与创新的盛宴，笔者期待与大家一同探索这一创新的旅程。

本书特色

（1）实战案例：本书中的每一个金融概念和模型都配备了通过Python生成的实战案例，使理论与实践紧密结合。

（2）全方位资源支持：为了让读者更容易跟随和实践，书中提到的所有代码和相关数据都已上传到百度网盘，方便读者下载和应用。

（3）Python从零开始：本书不仅涵盖金融知识，还从Python的基础开始教起，确保读者在没有任何编程基础的情况下也能逐步入门。

（4）内容新颖：在介绍金融和编程技术时，本书采用的软件包和工具都是截至本书出版时的官方最新版本，确保与时俱进。

（5）经验总结：书中融入了笔者多年的金融和编程教学经验，分享了许多实战中的技巧和经验教训。

本书内容

本书内容分为 5 章。

第 1 章是金融科技的基础知识,涵盖了量化金融、算法交易的历史和发展,以及 Python 编程的基础和 ChatGPT 的应用。

第 2 章专注于金融数据的处理与分析,详细介绍了数据来源、API 链接的重要性,以及如何使用 Python 和 ChatGPT 进行数据处理和分析。

第 3 章深入探讨了量化策略与模型,包括统计学在金融领域中的应用、技术分析、基本面分析,以及机器学习和深度学习在金融领域中的应用。

第 4 章集中讨论了算法交易与风险管理,涵盖了市场微观结构、交易策略的开发、订单的执行、风险的度量和控制,以及资金管理的策略。

第 5 章为读者提供了量化金融与算法交易的未来展望与挑战,探讨了人工智能在金融领域中的机遇和挑战。

读者在阅读本书的过程中遇到问题可以通过邮件与笔者联系,笔者常用的电子邮箱是 hello@huigong.info。

本书读者对象

(1)金融学研究生。
(2)量化分析师。
(3)金融技术开发者。
(4)投资经理和策略师。
(5)金融研究员和学者。
(6)金融教育工作者。
(7)对 AI 在金融领域中的应用感兴趣的读者。

笔者致谢

在完成这本书的过程中,笔者得到了许多人的无私支持和鼓励。首先,笔者要特别感谢 OpenAI 的 ChatGPT,尤其是 GPT-4 版本。它不仅为本书提供了丰富的资料和洞见,更为笔者开启了全新的视角和创新的方法,使这本书真正独具特色。

笔者衷心感谢笔者的博导Alvaro Cartea教授。作为牛津曼量化金融研究所（Oxford-Man Institute of Quantitative Finance）的主管，他一直是笔者追求学术路上的重要导师。在他的悉心指导下，笔者更深刻地理解了学术研究的核心价值和意义。

笔者要向前任主管Harry Thapar教授表示深深的感激。作为威斯敏斯特大学商学院的金融与会计学院院长，他为笔者在金融领域提供了宝贵的专业指导和持续的支持。

同时，笔者也要向现任主管Francesca Medda教授表示衷心的感谢。在她的引领下，笔者回归伦敦大学学院，并在伦敦大学学院金融与科技研究所开启了崭新的职业旅程。

最后，笔者要向家人送上最深的感谢。没有他们的不懈支持、深深的理解和持续的鼓励，笔者无法完成这本书的写作。感谢你们一直在笔者身边，陪伴笔者走过这段既富有挑战又收获颇丰的旅程。

温馨提示：本书所涉及的源代码已上传到百度网盘，供读者下载。请读者关注封底"博雅读书社"微信公众号，输入图书77页的资源下载码，根据提示获取。

目录

第 1 章 基础知识与量化金融概述 ·· 001

1.1 引言：量化金融与算法交易简介 ·· 001
- 1.1.1 量化金融及其发展历史 ·· 002
- 1.1.2 当代量化金融 ··· 004
- 1.1.3 算法交易概述 ··· 005
- 1.1.4 高频交易概述 ··· 007
- 1.1.5 算法交易与高频交易的区别 ··· 008

1.2 Python 编程基础 ·· 008
- 1.2.1 Python 的优点 ··· 009
- 1.2.2 Python 在量化金融和算法交易中的应用初览 ··················· 009
- 1.2.3 Anaconda 的安装 ··· 010
- 1.2.4 Python 代码示例 ·· 012

1.3 ChatGPT 简介及原理 ··· 013
- 1.3.1 ChatGPT 简介 ··· 013
- 1.3.2 ChatGPT 原理 ··· 014

1.4 生成式 AI 在量化金融领域中的应用 ···································· 015

第 2 章 金融数据处理与分析 ··· 017

2.1 数据来源：金融数据 APIs 及其供应商 ································· 017
- 2.1.1 数据来源的复杂程度 ·· 018
- 2.1.2 为什么要链接 API ·· 018
- 2.1.3 数据供应商的对比 ··· 019

2.2 使用 ChatGPT 链接金融 APIs ································· 021
  2.2.1 报错分析 ··· 023
  2.2.2 使用第三方库：yfinance ······································ 026
  2.2.3 使用第三方库：yahoofinancials ··························· 027
  2.2.4 其他第三方库 ··· 029
2.3 数据处理：使用 Python 分析金融数据 ······················· 029
  2.3.1 重新采样 ··· 033
  2.3.2 滚动统计 ··· 034
2.4 数据可视化：使用 Matplotlib 等工具 ························ 038
2.5 实例：财务报表指标获取及分析 ································ 042
  2.5.1 获取特斯拉的年度财务数据 ································ 044
  2.5.2 计算所需的财务指标 ·· 047
  2.5.3 该财务指标（净利润率）可视化 ··························· 047
  2.5.4 该财务指标（净利润率）的趋势分析 ···················· 048

第 3 章 量化策略与模型 ································· 053

3.1 统计学与金融：常见统计模型与方法 ························· 053
  3.1.1 描述性统计 ·· 054
  3.1.2 概率分布 ··· 058
  3.1.3 假设检验 ··· 062
  3.1.4 时间序列分析 ··· 065
3.2 技术分析：指标与策略 ··· 068
  3.2.1 图表模式 ··· 068
  3.2.2 趋势线 ·· 073
  3.2.3 技术指标 ··· 075
  3.2.4 交易策略与回测 ·· 083
3.3 基本面分析：选股策略与价值投资 ····························· 086
3.4 卖方策略：衍生品定价与风险管理 ····························· 092
  3.4.1 衍生品概述 ·· 093
  3.4.2 衍生品定价 ·· 095
  3.4.3 Black-Scholes 模型 ·· 096
  3.4.4 Put-Call Parity 的基本期权理论 ··························· 099

3.4.5　风险管理——Greeks ·· 100
　3.5　机器学习与金融：回归模型、分类器等 ····································· 106
　　　3.5.1　机器学习概述 ·· 106
　　　3.5.2　回归模型 ·· 107
　　　3.5.3　分类器 ·· 113
　　　3.5.4　机器学习在金融领域中的挑战 ·· 117
　3.6　深度学习与金融：神经网络、LSTM、CNN 等 ···························· 118
　　　3.6.1　神经网络 ·· 118
　　　3.6.2　长短期记忆网络 ·· 124
　　　3.6.3　卷积神经网络 ·· 128
　　　3.6.4　深度学习在金融领域中的挑战 ·· 132
　3.7　自然语言处理：利用 Transformer 结构分析市场情绪 ······· 134
　3.8　实例操作：使用 ChatGPT 的金融相关插件 ······························· 144
　　　3.8.1　ChatGPT 插件及安装 ·· 144
　　　3.8.2　PortfolioPilot 插件 ··· 147

第 4 章　算法交易与风险管理 ··· **151**
　4.1　市场微观结构理解与应用 ··· 152
　　　4.1.1　订单簿的基本结构与功能 ·· 152
　　　4.1.2　订单类型与执行机制 ·· 154
　　　4.1.3　市场碎片化问题的理解与应对 ·· 160
　　　4.1.4　交易延迟与市场深度的影响 ·· 161
　　　4.1.5　临时与永久的滑点 ·· 162
　　　1.1.6　订单失衡 ·· 163
　4.2　交易策略开发：交易信号、执行和管理 ··································· 166
　　　4.2.1　基于连续时间马尔科夫链的交易策略 ······································ 166
　　　4.2.2　市价订单的建模与应用 ·· 170
　　　4.2.3　交易信号的生成与验证 ·· 174
　　　4.2.4　交易管理：订单追踪与调整 ·· 174
　4.3　订单执行：买方策略、卖方策略与做市策略 ··························· 175
　　　4.3.1　买方策略的设计与实施（只有临时滑点）·································· 176
　　　4.3.2　卖方策略的设计与实施（临时与永久滑点）····························· 179

		4.3.3	做市策略的设计与实施 ··	183

- 4.4 风险管理：风险度量、预测与控制 ·· 186
  - 4.4.1 风险度量 ·· 186
  - 4.4.2 风险预测 ·· 189
  - 4.4.3 风险控制 ·· 191
- 4.5 资金管理：投资组合优化与资产配置 ·· 192
  - 4.5.1 投资组合优化的理论与方法 ··· 192
  - 4.5.2 基于 Transformer 模型的资产配置的策略与实施 ··· 196
  - 4.5.3 使用 GPT-4 的代码解释器来解释做市策略 ···················· 203

第 5 章　未来展望与挑战 ·· **209**

- 5.1 探索多元化的大语言模型平台 ·· 209
  - 5.1.1 科大讯飞——讯飞星火认知大模型 ······································ 210
  - 5.1.2 百度——文心一言大模型 ·· 214
  - 5.1.3 智谱 AI——智谱清言 ChatGLM 大模型 ···························· 220
  - 5.1.4 百川智能——百川大模型 ·· 225
- 5.2 量化金融与算法交易的发展趋势 ·· 230
  - 5.2.1 量化金融与算法交易的新趋势 ··· 230
  - 5.2.2 智能化金融服务的崛起 ·· 232
- 5.3 机遇与挑战：人工智能在金融领域中的双刃剑效应 ··············· 233
  - 5.3.1 技术驱动下的金融机遇 ·· 233
  - 5.3.2 在监管环境中应对挑战 ·· 233
- 5.4 前瞻：人工智能与金融领域的未来合作 ···································· 235
  - 5.4.1 潜在的增长领域和创新点 ·· 236
  - 5.4.2 面向未来的策略和合作路径 ·· 237

第 1 章
基础知识与量化金融概述

在金融领域中，数学、算法和编程技术的结合已经引领了"量化金融"的发展潮流。从早期的经典模型到现代的高频交易策略，量化金融的进步显著，同时体现了算法交易在提高交易策略的自动化、速度和决策精确性方面的巨大价值。高频交易和算法交易虽然都是量化金融的重要组成部分，但它们有着明显的区别。随着技术的进步，Python已成为量化研究者的首选工具，因其强大的功能和丰富的库而受到青睐。而新一代的生成式AI，如ChatGPT，也正在开启在量化金融领域中的新篇章。本章我们将深入了解这些核心概念和技术的演进及其在现代金融领域中的应用。

1.1 引言：量化金融与算法交易简介

量化金融与算法交易在过去几十年中对金融市场产生了巨大的影响。从投资组合管理到风险控制，再到订单执行，它们已经在现代金融实践中扮演了核心角色。本节旨在为读者提供一个全面的概述，涵盖量化金融和算法交易的关键概念、发展历程和应用模型。无论你是刚刚开始探索这个领域，还是已经拥有深厚的经验和知识，你都会在这里找到有价值的信息。

1.1.1 量化金融及其发展历史

量化金融就是使用数学模型来帮助我们理解和预测金融市场的行为。这听起来可能很抽象,但我们可以通过它的发展历史来了解它是如何为投资者解决实际问题的。

在 20 世纪早期,尽管金融市场已经存在了一段时间,但大多数的交易决策都是基于直觉和经验。这种方法虽然有时有效,但也容易受到情绪的影响,导致非理性的决策。于是,一些先驱者开始尝试使用数学和统计方法来帮助他们更好地理解市场。

例如,1952 年,Harry Markowitz 为了解决如何将资金分配到不同的投资中以达到最佳的风险收益比,提出了现代投资组合理论(Modern Portfolio Theory,MPT)。简而言之,他建议不要将所有的资金投入同一资产中,而是要分散投资,以减少风险。这种思想听起来似乎不是很直观,但 Markowitz 给出了一个明确的数学模型来描述这一点。

$$E(R_p) = w_1 E(R_1) + w_2 E(R_2) + \cdots + w_n E(R_n)$$

其中,R_p 为投资组合的预期收益,w_n 为资产 n 在投资组合中的权重,$E(R_n)$ 为资产 n 的预期收益。投资组合的方差(一个风险的度量)计算公式为:

$$\text{Var}(R_p) = \sum_{i=1}^{n} \sum_{j=1}^{n} w_i w_j \text{Cov}(R_i, R_j)$$

其中,$\text{Cov}(R_i, R_j)$ 为资产 i 和资产 j 之间的协方差,它衡量的是两个资产价格变化之间的关系。如果两个资产的价格通常朝相反的方向移动(一个上涨时另一个下跌),它们的协方差会是负数,这意味着组合这两个资产可以减少投资组合的整体风险。对于只有两个资产的投资组合,协方差是关键。但在现实中,投资组合通常包含许多资产,这时协方差矩阵就起到了关键作用,这个矩阵包含了组合中所有资产之间的协方差。

进入 20 世纪 60 年代,William Sharpe 带来了资本资产定价模型(Capital Asset Pricing Model,CAPM),这是一个帮助投资者理解资产收益率与市场整体收益率之间关系的工具。CAPM 的核心公式为:

$$E(R_i) = R_f + \beta_i(E(R_m) - R_f)$$

其中，$E(R_i)$ 为资产 i 的预期收益；R_f 为无风险利率，通常可以用短期政府债券的收益率作为参考；$E(R_m)$ 为市场的预期收益，可以用一个广泛的市场指数（如 S&P 500）的预期收益率作为参考。β_i 为资产 i 的 Beta 系数，它衡量的是资产 i 的系统风险。简单来说，如果 $\beta_i = 1$，那么资产 i 的预期收益将完全与市场同步；如果 $\beta_i > 1$，则资产 i 的收益将比市场更加波动；如果 $\beta_i < 1$，则资产 i 的收益将相对市场更加稳定。这为投资者提供了一个评估资产的风险相对于其潜在收益的方式。Beta 系数可以通过以下公式计算。

$$\beta_i = \frac{\text{Cov}(R_i, R_m)}{\text{Var}(R_m)}$$

其中，$\text{Cov}(R_i, R_m)$ 为资产 i 与市场收益之间的协方差，$\text{Var}(R_m)$ 为市场收益的方差。

到了 20 世纪 70 年代，Fischer Black 和 Myron Scholes 提出了著名的 Black-Scholes 模型，为期权定价带来了一场革命。期权交易在当时非常流行，但如何公正地为期权定价却是一个大难题。Black 和 Scholes 为此提供了一个解决方案，他们的模型可以基于一系列的变量来预测期权的价值，如资产的当前价格、期权的到期日期和预期的市场波动率。

$$C = S_0 N(d_1) - K e^{-rt} N(d_2)$$

其中，C 为看涨期权价值，S_0 为资产当前价格，K 为期权执行价格，e 为自然对数的基数，N 为正态分布函数，d_1 和 d_2 为公式中的变量。

Black-Scholes 模型是期权定价理论中的里程碑。由于这个模型的重要性和影响，Myron Scholes 和 Robert C. Merton（他进一步发展了该模型）在 1997 年被授予诺贝尔经济学奖。值得注意的是，尽管 Fischer Black 是该模型的共同创作者，但由于他在 1995 年去世，因此没有与 Scholes 和 Merton 一同获得奖项。诺贝尔奖通常不授予已故的候选人。

Black-Scholes 模型为期权和其他衍生品的公平定价提供了一个明确的数学公式。这一模型特别突出，因为在那个时候，衍生品市场还处于发展初期，缺乏一个统一的定价方法。此模型提供了一个系统性的方式来估计一个期权的"公平"价格,从而使交易者、投资者和风险管理者都能在一个公认的框架下操作。

Black-Scholes模型的成功引发了衍生品市场的巨大增长,同时也促进了金融工程学科的发展。

随着时间的推移,量化金融不仅局限于理论研究,而且开始广泛应用于实际投资策略,特别是在对冲基金中。比如,到了20世纪80年代,量化金融开始广泛应用于实际投资,许多对冲基金开始使用量化策略来寻求Alpha收益。20世纪90年代以后,计算机技术的发展和数据获取的便利为量化金融提供了强大的支持,机器学习和大数据分析也开始在这个领域中发挥作用,帮助投资者更精确地预测市场的行为。

综上所述,量化金融不仅提供了对金融市场的深入理解,还为投资者带来了实用的工具和策略,帮助他们在复杂的市场环境中做出明智的决策。

1.1.2 当代量化金融

随着时间的推移,量化金融已经不仅仅是基于经典经济理论的模型,还包括了大量数据驱动的策略,如机器学习算法、神经网络等。因此,当我们在讨论当代量化金融时,通常可以将其分为两大类:Q-Quant(Risk-Neutral Probability Measure,风险中性概率测度)和P-Quant(Actual Probability Measure,真实概率测度)。Q-Quant和P-Quant的区别如表1.1所示。

表1.1 Q-Quant和P-Quant的区别

对比项	Q-Quant(模型驱动的量化交易)	P-Quant(数据驱动的量化交易)
理论基础	Q-Quant更多依赖金融理论和数学模型。例如,它可能使用现代投资组合理论、CAPM或Black-Scholes模型来指导交易策略	P-Quant较少依赖传统的金融理论,而更侧重于数据分析和数据挖掘

续表

策略形式	通常基于某种假设或市场行为的理论模型来建立策略，比如，均值回归、动量等	基于大量历史数据来识别潜在的市场模式和关联，通过机器学习算法来建立策略
数据依赖性	虽然Q-Quant使用数据，但它更依赖模型的假设和结构。数据主要用于验证这些假设和参数估计	P-Quant高度依赖数据。大数据和机器学习是这一类策略的核心
调整频率	Q-Quant策略通常需要较少的调整，因为它们通常基于长期的市场假设	P-Quant策略可能需要频繁地调整，因为它们通常基于市场数据的短期模式
代表性	在对冲基金和资产管理公司中，Q-Quant更常见	在科技驱动的交易公司和一些新兴对冲基金中，P-Quant更常见

总的来说，Q-Quant倾向于使用基于理论的模型，而P-Quant则更注重使用数据来驱动交易决策。然而，这两种方法并不是相互排斥的。许多成功的量化策略结合了Q-Quant的理论洞察力和P-Quant的数据驱动能力。

1.1.3 算法交易概述

算法交易就是利用计算机算法自动执行交易策略的过程，它涵盖了从交易决策到订单执行的全过程。随着时间的推移，算法交易经历了从简单的订单执行优化到复杂策略应用的演变。

在20世纪80年代，算法交易刚刚崭露头角，当时它的主要目的是优化订单执行，以此减少交易成本。而这个时期的技术并不像现在那么先进，但它为算法交易的未来发展奠定了基础。

到了20世纪90年代，随着电子交易平台的普及和互联网技术的飞速发展，算法交易得到了迅速的推广。更为重要的是，交易策略也开始变得更为复杂，例如，统计套利等策略在这个时期受到了广泛的关注。

进入 21 世纪，特别是从 2000 年开始，算法交易不仅已经深入金融市场的每一个角落，而且开始与机器学习和人工智能等先进技术结合，为交易策略的研发和执行带来了前所未有的机会和挑战。这使得金融市场的运作变得更为智能化和高效。

在算法交易领域中，多种模型和策略得以应用，以满足不同的市场需求和投资目标。以下是一些核心的算法交易模型和策略的简要概述。

（1）TWAP（Time-Weighted Average Price，时间加权平均价格）：TWAP 策略的核心思想是将较大的订单分解为多个较小的订单，这些小订单在指定的时间段内均匀地执行。其目的是在一段时间内尽可能接近平均价格，从而减少大宗交易对市场价格的影响。

（2）VWAP（Volume-Weighted Average Price，成交量加权平均价格）：与 TWAP 类似，VWAP 策略考虑市场成交量的因素，目标是在成交量较大时执行更多的订单。数学上，VWAP 定义为：

$$VWAP = \frac{\sum(Price \times Volume)}{\sum Volume}$$

其中，价格（Price）和成交量（Volume）是在特定时间段内的。

（3）统计套利（Statistical Arbitrage）：统计套利策略依赖数学模型来识别和利用不同金融工具之间的价格偏差。这些偏差可能是由于市场无效率、信息滞后或其他相关因素造成的。

（4）趋势追踪（Trend Following）：趋势追踪策略利用技术分析方法来识别并跟随市场的趋势，无论是上升还是下降。这种策略通常依赖移动平均线、动量指标等工具。

（5）做市（Market Making）：做市策略通过在买入和卖出价格之间提供报价来赚取差价，为市场参与者提供流动性。

（6）机器学习算法（Machine Learning Algorithms）：这是一种相对较新的策略，它依赖机器学习技术来预测市场的运动并据此制定交易策略。与传统策略不同，机器学习算法策略可以自我调整并学习新的市场模式。

1.1.4 高频交易概述

在金融交易的世界中,高频交易已经确立了其独特的位置。这种交易方式以执行大量订单著称,并能在极短的时间内完成交易,具体到毫秒或微秒级别。这种现代交易方式的历史起源可以追溯到 20 世纪 90 年代末,那时,随着电子交易的崛起,高频交易初露锋芒。

进入 21 世纪后的 10 年,高频交易经历了爆炸式的增长,迅速崭露头角并成为市场的主要参与者。这样强劲的增长势头并不是偶然的,交易所提供的对高交易量的激励措施在其中发挥了重要作用,进一步推动了高频交易的盛行。

然而,转眼进入 2010 年,尽管高频交易依然在金融市场上活跃,其增长速度在某些市场却已经开始放缓。尤其是在美国的股票市场,高频交易的势头似乎不再像之前那般猛烈。不过,不可否认的是,高频交易仍然在当代金融交易中占有重要地位。

当我们深入探讨高频交易时,不可避免地要涉及一些具体的交易策略和技术。以下是一些在高频交易中常见的策略。

(1)市场套利:这种策略是基于市场之间的小的价格差异来获利的。例如,一个股票在两个不同的交易所上可能会有微小的价格差异。高频交易者会利用这些差异买低卖高,从中获利。

(2)市场做市:做市策略涉及为特定的证券提供买卖报价,以赚取买卖的差价。这种策略要求交易者要快速响应市场变化,以保持有竞争力的报价。

(3)统计套利:此策略利用数学模型来识别并利用金融工具之间的价格差异来获利。这种差异是基于历史数据和统计方法来确定的。

$$\Pi = P_1 - P_2$$

其中,Π 为套利收益;P_1 为一个资产的价格,而 P_2 为另一个相关资产的价格。

(4)买卖单薄冲击:在这个策略中,交易者会试图预测其他市场参与者的交易意图,并在这些交易执行之前采取行动。

（5）新闻算法交易：这是基于自动解析和解释新闻报道或财务报告的策略。一旦识别出对市场有影响的信息，算法会立即执行交易。

1.1.5 算法交易与高频交易的区别

算法交易和高频交易作为两种主要的计算机驱动的交易方式，它们都在近年来的金融领域中扮演了至关重要的角色。尽管它们在某些方面可能相似，但也存在显著的差异。为了更好地理解这两种交易方式，在表 1.2 中，我们详细比较了二者的特点和区别。

表 1.2 算法交易和高频交易的区别

特点/策略	算法交易	高频交易
时间尺度	可以在不同的时间尺度上操作	关注极短的时间尺度
交易量	可能不包括大量的订单	通常包括大量的订单
策略	可能更加多样化	通常侧重于市场微结构
基础设施	根据策略和需求可能需要不同的硬件和网络设备	需要高度优化的硬件和网络，以减少延迟
监管	依赖特定策略和所在的市场	在很多市场受到更严格的监管

通过对比，我们可以看到算法交易和高频交易在多个维度上存在差异。高频交易主要聚焦在短时间内大量的交易活动，而算法交易则有更宽广的时间和策略范围。尽管高频交易是算法交易的一个子集，但由于其特有的特点和要求，往往被视为一个独特的领域。在进入这两个领域之前，理解它们之间的差异和相似之处是至关重要的。

1.2 Python 编程基础

Python 是一种高级、解释型、交互式和面向对象的编程语言。由于其语法简洁明了，易于学习，因此已成为许多初学者学习编程的首选语言。特别是在量化金融和算法交易领域中，Python 因为其强大的数据处理和科学计算能力，得到了广泛的应用。

1.2.1 Python 的优点

在现代计算机编程领域中，Python以其简洁的语法和强大的功能而受到广泛欢迎。与其他许多编程语言相比，Python具有简单直观的语法，这使得代码更易于阅读和编写。它还拥有大量的内置库和第三方库，可以轻松地完成从数据分析、可视化到机器学习的各种任务。

此外，Python在与其他编程语言如C和C++的集成上也显示出了其可扩展性，这种无缝集成使开发者能够利用其他语言的强大功能。而作为一种高级编程语言，Python允许用户避免处理底层实现的复杂性，例如，内存管理。更为重要的是，Python是跨平台的，可以在所有主流操作系统上运行。

实际上，Python在量化金融和算法交易领域中的普及，反映了其多方面的优势。JetBrains的数据显示，Python是数据科学家最受欢迎的编程语言，占据了近47%的市场份额，这一数字远超过其他语言。同时，根据eFinancialCareers的数据，Python在金融领域中的工作需求增长了近74%，这一增长速度明显高于其他编程语言。

这些数据和事实凸显了Python在量化金融和算法交易领域中的重要性。对于初学者和职业转型者来说，学习和掌握Python无疑是走向这一领域的关键步骤。

1.2.2 Python 在量化金融和算法交易中的应用初览

Python在量化金融和算法交易领域中得到了广泛的应用，主要有以下几个原因。

（1）强大的科学计算能力：Python的科学计算库（如NumPy和SciPy）提供了强大的数值计算能力，可以用于复杂的金融模型和算法。

（2）出色的数据处理能力：Python的数据处理库（如Pandas）可以轻松处理大量的金融数据，包括价格、交易量、订单簿等。

（3）丰富的机器学习库：Python的机器学习库（如Scikit-learn和

TensorFlow）提供了丰富的机器学习算法，可以用于预测市场运动、优化交易策略等。

（4）优秀的可视化工具：Python的可视化库（如Matplotlib和Seaborn）可以帮助用户更好地理解数据和结果。

综上所述，对于希望进入量化金融和算法交易领域的初学者来说，掌握Python无疑是极为关键的第一步。Python不仅入门友好，而且由于其在这一领域中的广泛应用，学习Python也意味着为自己打开了一扇通往这一高需求领域的大门。

1.2.3 Anaconda 的安装

Anaconda是一个免费且开源的Python和R语言的发行版，适用于科学计算（数据科学、机器学习、大数据处理和预测分析），其包含了众多流行的科学计算、数据分析的Python包。

下面是Anaconda的安装步骤。

1. 下载 Anaconda

首先，打开Anaconda的官方网站，在页面中单击右上角的"Free Download"按钮或选择适合你的操作系统（如Windows、macOS、Linux）的安装包版本进行下载，如图1.1所示。

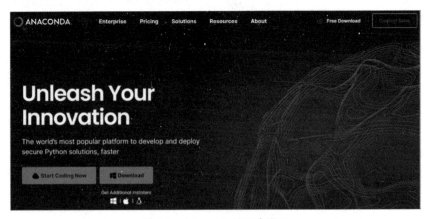

图 1.1　Anaconda 的下载页面

下载完成后，会看到图 1.2 所示的画面。

图 1.2　Anaconda 下载完成页面

2. 安装 Anaconda

下载完成后，会得到一个安装包。Windows 用户会得到一个 .exe 文件，macOS 和 Linux 用户会得到一个 .sh 文件。根据你的操作系统，双击安装包，或者在命令行中运行 .exe 或 .sh 文件，然后按照安装程序的提示进行操作。

在安装过程中，安装程序会让你选择是否将 Anaconda 添加到系统 PATH 中。这里建议选择"是"，这样就可以在命令行中直接运行 Anaconda。安装完成后，在 Windows 开始菜单栏中，单击名为 "Anaconda Navigator" 的快捷图标进入图 1.3 所示的导航页面。

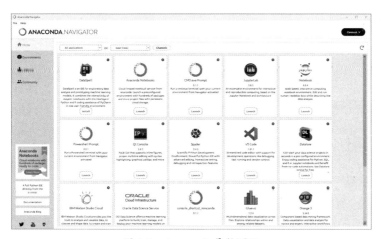

图 1.3　Anaconda 导航页面

3. 验证 Anaconda 安装

安装完成后，可以打开命令行（Windows 用户是 CMD 或 PowerShell，macOS 和 Linux 用户是 Terminal），然后输入下面的命令来检查 Anaconda 是否安装成功。

```
conda list
```

如果安装成功，会看到一个列出了所有已安装 Anaconda 包的列表。

4. 更新 Anaconda

为了确保你的 Anaconda 版本是最新的，可以运行下面的命令来更新 Anaconda。

```
conda update anaconda
```

安装 Anaconda 的过程就是这样。有了 Anaconda，你就可以方便地使用 Python 进行数据分析和科学计算了。

1.2.4 Python 代码示例

以下是一些简单的 Python 代码示例，展示了 Python 的便捷性和功能多样性。

（1）数据导入和处理：可以使用 Pandas 库来导入和处理金融数据。

```python
import pandas as pd
# 导入数据
data = pd.read_csv('financial_data.csv')
# 数据预处理
data['return'] = data['close'].pct_change()   # 计算日收益率
# 显示前 5 行数据
print(data.head())
```

（2）数据可视化：可以使用 Matplotlib 库来可视化金融数据。

```python
import matplotlib.pyplot as plt
# 绘制收盘价
```

```
plt.plot(data['date'], data['close'])
plt.title('Close Price')
plt.xlabel('Date')
plt.ylabel('Price')
plt.show()
```

（3）统计分析和机器学习：可以使用Scikit-learn库来进行统计分析和机器学习。

```
from sklearn.linear_model import LinearRegression
# 创建线性回归模型
model = LinearRegression()
# 训练模型
model.fit(data[['volume']], data['return'])
# 预测
prediction = model.predict(data[['volume']])
```

1.3 ChatGPT 简介及原理

ChatGPT是OpenAI开发的一种基于自然语言处理的人工智能聊天机器人。它的设计目标是能够理解和生成人类的自然语言，以进行富有深度和洞察力的对话。

1.3.1 ChatGPT 简介

OpenAI是一家致力于人工智能研究的非营利组织，由Elon Musk和Sam Altman等人于2015年共同创建。OpenAI的使命是确保人工通用智能（AGI）造福全人类，并在尽可能多的情况下，避免其使用可能对人类产生负面影响。

ChatGPT基于OpenAI开发的GPT（Generative Pre-training Transformer，生成式预训练Transformer）模型，是GPT模型的一种应用。GPT模型是一种使用了Transformer结构的大规模预训练语言模型。这种模型的训练涉及两个阶段：预训练和微调。预训练阶段在大量的互联网文本上进行，使模型学会理解和生成人类的自然语言。然后在微调阶段，通过特定任务（如翻译、问答、摘要等）的有标签数据进行训练，使其适应特定的任务。ChatGPT 就是通过这样的过程训练出来的。

从最初的 GPT-1 到后来的 GPT-2、GPT-3，再到最新的 GPT-4，ChatGPT 已经经历了多次迭代，每一代模型都有其独特的进步和优点。例如，GPT-2 模型的参数数量达到了 15 亿，相比 GPT-1 的 1.17 亿个参数，大大提高了模型的性能。GPT-3 更是将参数数量提升到了 1750 亿，使其能够理解和生成更复杂、更自然的语言，而 GPT-4 由 8 个 220B 模型组成（每个 head 都有 2200 亿个参数，共 8 个），也就是说，其参数数量达到了 $8 \times 220B = 1.76$ 万亿。

1.3.2 ChatGPT 原理

ChatGPT 的核心是由 GPT 系列模型驱动的，GPT 模型利用了自注意力机制（Self-attention Mechanism）和 Transformer 结构，通过大规模文本预训练和后续的任务微调，使模型能够理解和生成具有连贯性的自然语言。

1. GPT 模型与预训练

GPT 模型的基础是一个 Transformer 解码器，该解码器由多个解码器层堆叠而成，每个解码器层包含两部分：一个是自注意力层（Self-attention Layer），另一个是前馈神经网络层（Feedforward Neural Network Layer）。

在预训练阶段，模型将从大量的文本中学习语言模型，即学习预测给定前面 $n-1$ 个单词的条件下，第 n 个单词的概率分布。这种训练方式使模型能够理解词义、语法结构、语境关系等复杂的语言特征。

GPT 模型的预训练使用了一种被称为 MLM（Masked Language Model，掩码语言模型）的训练方式。在 MLM 中，输入序列的一部分单词会被掩盖，模型需要预测被掩盖的单词。比如，在句子 "The cat sat on the ___" 中，模型需要预测掩盖的单词是 "mat"。通过这种方式，模型学习到了词与词之间的关系，以及句与句之间的逻辑，从而能理解和生成人类的自然语言。

2. 自注意力机制与Transformer模型

自注意力机制是GPT模型的核心组成部分，它允许模型考虑输入序列中的所有单词，以便生成下一个单词。

具体来说，在自注意力机制中，每个输入的单词都会生成一个查询（Query）、一个键（Key）和一个值（Value）。查询用于寻找与当前单词相关的其他单词，键用于被查询单词的匹配，值用于计算自注意力的输出。通过计算查询和键的点积，得到每个单词对于其他单词的注意力分数，然后通过Softmax函数将这些分数转化为权重，最后权重与对应的值相乘并求和，得到自注意力的输出。

Transformer模型是一种基于自注意力机制的深度学习模型。它将自注意力机制和前馈神经网络层堆叠在一起，形成一个强大的模型结构，这使模型能够处理复杂的语言任务。

3. 微调与任务适应

预训练完成后，GPT模型会进行微调训练，使其适应特定的任务。在微调阶段，模型会使用特定任务的有标签数据进行训练。例如，如果我们希望ChatGPT生成答案，那么就需要使用包含问题和答案的数据进行微调。

在微调训练中，模型的参数会根据特定任务的数据进行微调，这使模型能够生成适应任务的文本。比如，在对话任务中，模型会学习如何生成符合人类对话规则的回答。

通过预训练和微调两个阶段的训练，ChatGPT可以理解和生成自然语言，以完成各种语言任务。

1.4 生成式AI在量化金融领域中的应用

生成式AI，如GPT等模型，已在量化金融领域中展现出强大的潜力和广泛的应用。以下是生成式AI在量化金融领域中的几个关键应用。

1. 策略生成与优化

生成式AI模型能通过对历史市场数据的学习，生成各种可能的交易策略，以应对不同的市场状况。这些生成的策略可以再通过优化算法进行优化，以达到预期的风险收益比。这大大扩展了交易策略的设计空间，并能应对更加复杂的市场环境。

2. 资产定价与风险管理

生成式AI也可以用于资产定价与风险管理。例如，可以通过模拟历史市场情况，生成未来可能的市场场景，进而估计资产的未来价格和风险。这对于量化投资者在做出投资决策时，了解资产的风险收益特性至关重要。

3. 市场情绪分析

生成式AI能够理解和生成人类的语言，这使它可以用于分析市场情绪。例如，通过分析社交媒体上的公开言论，生成式AI可以感知到市场的整体情绪，进而预测市场的短期走势。这是一种新的量化投资策略，正在被越来越多的投资者采用。

4. 自动化报告和交易指南

生成式AI可以用于自动化生成各类报告和交易指南。例如，根据最新的市场数据，生成式AI可以生成市场总结、投资策略更新、风险警告等内容。这不仅提高了工作效率，也能为投资者提供更实时的信息。

第 2 章
金融数据处理与分析

本章介绍金融数据处理与分析基础,涉及金融API的链接、Python数据处理及可视化等。随着金融市场复杂度的增加,技术在量化金融与数据分析中的影响力不断上升。ChatGPT与Python的结合,为金融领域提供了准确、高效的解决方案。主要Python库如下。

- NumPy:多维数组处理与线性代数。
- Pandas:数据分析与处理,如数据清洗、转换。
- Matplotlib:数据可视化,如折线图、柱状图。
- yfinance & yahoofinancials:从Yahoo Finance获取金融数据。

这些Python包都是数据处理和分析中常用的工具,可以帮助我们更加高效和方便地进行数据处理和分析,特别是在金融数据分析中,这些包都具有重要的作用。

2.1 数据来源:金融数据 APIs 及其供应商

数据在金融领域中的重要性随着金融科技的快速发展日益凸显。实时、准确的数据不仅能够帮助投资者制定明智的投资决策，还能为金融机构提供关键的决策依据。因此，选择合适的数据来源至关重要。本节将探讨不同的金融数据APIs及获取其来源的复杂程度，并对比不同的数据供应商，解释链接API的好处。

2.1.1　数据来源的复杂程度

金融数据来源繁多，包括交易所、数据供应商、新闻媒体、政府机构、研究机构等。随着互联网和大数据技术的普及，数据的采集、整合和分析变得越来越重要。在这个背景下，数据获取途径也变得越来越复杂，给金融行业的从业者带来了挑战。

不同的数据来源可能具有不同的数据质量、数据结构和数据频率。这意味着金融从业者需要了解各类数据来源的特点，以便从中选择最合适的数据以支持其业务决策。

同时，由于金融市场的全球化和互联网的发展，跨地区、跨市场的金融数据量呈指数级增长。处理和分析如此庞大的数据量，需要更高效和灵活的数据获取方式。

正因如此，链接API成为一种理想的数据获取方式。通过API，金融从业者可以直接从数据源获取数据，避免了烦琐的数据采集、清洗和整合过程。API不仅可以简化数据获取过程，还可以实现更高效的数据调用和处理。

2.1.2　为什么要链接API

在金融领域中，链接API的重要性不仅仅体现在数据的获取上，更关键的是它所能带来的实时性、自动化、定制化和兼容性等多个方面的优势。

首先，实时性在金融决策中占有举足轻重的地位。API提供了实时的数据流，使投资者可以迅速地把握市场动态，并对比使用传统数据采集方法（例如，下载历史数据或CSV文件）时可能错过的市场变化，从而做出更加敏捷和精准的决策。

其次，API的引入也大大推进了金融工作的自动化进程。通过API，数据的获取、更新和处理都可以自动完成，避免了因人工操作而产生的错误和不准确性，同时也提高了工作效率。

此外，API还支持高度的定制化服务。用户可以根据自己的具体需求筛选、整合和处理数据，确保所获取的信息与实际需求和期望相匹配，从而达到更精准的分析效果。

最后，API的兼容性使其能够与各种编程语言和平台顺利集成，不论是Python、Java、C#还是其他语言，开发者都能方便地调用API，确保数据的顺利流通和处理。

我们可以看出，无论是从提高效率、准确性、灵活性，还是从拓宽应用范围的角度看，链接API在金融分析中都起着至关重要的作用。

2.1.3 数据供应商的对比

我们可以让ChatGPT帮助我们对比数据供应商，输入如下问题。

> 目前市面上有哪些Python可以链接的金融数据供应商？请罗列并对比分析。

ChatGPT：
市场上有许多金融数据供应商提供Python API接口，以便用户能够方便地获取和处理金融数据。以下是一些常见的金融数据供应商，以及它们之间的对比分析。

1. Yahoo Finance

（1）Python库：yfinance、yahoofinancials。

（2）优势：免费、数据丰富、易于上手。

（3）劣势：数据质量可能略逊于付费供应商，需要额外处理。

2. Quandl

（1）Python库：quandl。

（2）优势：提供免费和付费数据、数据质量较高、易于集成。

（3）劣势：免费数据有限，部分高质量数据需付费。

3. Alpha Vantage

（1）Python库：alpha_vantage。

（2）优势：免费，提供股票、外汇、加密货币等多种数据，实时数据更新。

（3）劣势：API调用次数有限制，高频数据调用需付费。

4. Intrinio

（1）Python库：intrinio-sdk。

（2）优势：提供多种数据类型，包括基本面数据、技术指标等，数据质量较高。

（3）劣势：部分数据需要付费，免费试用期限制。

5. FRED（Federal Reserve Economic Data，联储经济数据）

（1）Python库：fredapi。

（2）优势：免费、涵盖了大量经济和金融数据、官方数据来源。

（3）劣势：主要关注宏观经济数据，对于个股数据和技术指标较少。

6. IEX Cloud

（1）Python库：通常通过直接HTTP请求或第三方库如iexfinance。

（2）优势：提供美股交易数据、数据质量较高、实时数据更新。

（3）劣势：免费试用有限制，需要付费升级以获取更多功能和数据。

7. Tiingo

（1）Python库：tiingo。

（2）优势：提供股票、加密货币等多种数据，实时数据更新。

（3）劣势：免费试用有限制，高频数据和高质量数据需付费。

这些金融数据供应商各有特点，用户可以根据自己的需求和预算来选择合适的供应商。对于初学者和个人投资者来说，Yahoo Finance和Alpha Vantage可能是较好的选择，因为它们提供免费的数据服务。对于专业投资者和金融机构，Quandl和Intrinio等付费数据供应商可能更适合，因为它们提供更高质量的数据和更全面的服务。

综上，我们不难发现金融API和数据供应商在金融领域中的重要地位，它们为投资者和金融机构提供了宝贵的数据支持。链接API的好处在于实时性、自动化、定制化和兼容性，可以帮助用户更好地利用金融数据。

尽管在众多数据供应商中进行选择时需要考虑各种因素，但Yahoo Finance的多项优势使其成为值得推荐的选择。首先，Yahoo Finance的免费特性对于有限预算的个人投资者、学生、初创公司及研究者来说具有极大的吸引力，这是它与一些需要付费的数据供应商（如Quandl或Intrinio）相比的显著优势。其次，Yahoo Finance的数据覆盖范围广泛，包括历史价格、实时价格，以及各类金融产品的详细数据，这使其能够满足用户在多种金融分析场景下的数据需求。最后，不仅可以通过网站直接查看数据，Yahoo Finance还通过API或Python库（如yfinance和yahoofinancials）提供了方便的数据获取和处理方法，无论是对编程用户还是对非编程用户，Yahoo Finance都具有友好的易用性。

2.2 使用ChatGPT链接金融APIs

ChatGPT在帮助理解和构建API请求中发挥着重要的辅助角色。但由于ChatGPT是一个纯粹的文本生成模型，它本身并不能直接与API进行交互，换句话说，ChatGPT不能替你发送API请求或处理API响应。为了实际使用API，你还需要自己写代码，或者使用Python中的某些编程库或工具。以下是一种利用ChatGPT在编写API请求时起辅助作用的方法。

（1）理解API文档：对于一个新的API，其文档通常是最重要的参考资料。你可以输入如"解释Yahoo Finance API的使用方法"等问题，ChatGPT可以帮助你理解API文档的关键内容。

（2）构造API请求：你可以询问ChatGPT如何构造特定的API请求。例如，你可以问"如何使用requests库获取Yahoo Finance API的股票数据？"，ChatGPT可以生成示例代码，帮助你理解如何构造请求。

（3）解析API响应：处理API响应通常需要一定的编程知识。你可以询问ChatGPT如何解析特定格式（如JSON）的响应，或者如何处理特定的API错误。

以下是一个示例对话,展示了如何使用ChatGPT来帮助你使用Yahoo Finance API。

> 请告诉我如何使用requests库获取Yahoo Finance API的股票数据。

ChatGPT:
当然,以下是一个使用Python的requests库从Yahoo Finance API获取特定股票数据的基本示例。假设我们想要获取苹果公司的股票数据:

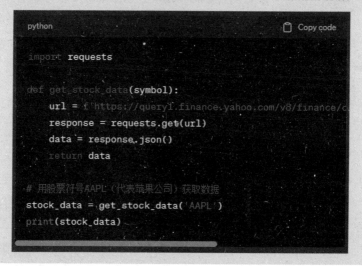

在这个例子中,我们定义了一个函数"get_stock_data",这个函数接受一个股票符号作为参数,然后发送GET请求到Yahoo Finance API的特定URL,最后解析并返回响应的JSON数据。

这只是一个基本示例,实际使用中你可能需要处理更多的边界情况和错误,以及解析你感兴趣的特定数据。

> 如何解析返回的JSON数据并获取收盘价?

ChatGPT:
如果你想从Yahoo Finance API返回的数据中提取收盘价,你可以使用Python的json库来解析数据，然后访问特定的键来获取收盘价。以下是一个基本示例。

```python
import requests
import json

def get_closing_price(symbol):
    url = f'https://query1.finance.yahoo.com/v8/finance/c
    response = requests.get(url)
    data = json.loads(response.text)

    # 提取收盘价
    closing_price = data['chart']['result'][0]['indicato
    return closing_price

# 用股票符号AAPL（代表苹果公司）获取数据
closing_price = get_closing_price('AAPL')
print(f'The closing price is {closing_price}')
```

在这个例子中，我们修改了"get_stock_data"函数，并改名为"get_closing_price"。这个函数现在会返回请求的股票的收盘价，而不是完整的数据。

注意，上述代码假设响应数据包含特定的键，并且最后一个收盘价位于'close'列表的末尾。实际使用中你应该添加错误处理代码，以处理可能的API错误或数据缺失。

2.2.1 报错分析

前面已经提到，在实际使用中你应该添加错误处理代码，以处理可能的API错误或数据缺失。实际运行过程中，也确实有可能会发生报错，如图2.1所示。

```
JSONDecodeError                          Traceback (most recent call last)
~\AppData\Local\Temp/ipykernel_6260/3915505720.py in <module>
     12
     13 # 用股票符号AAPL（代表苹果公司）获取数据
---> 14 closing_price = get_closing_price('AAPL')
     15 print(f'The closing price is {closing_price}')

~\AppData\Local\Temp/ipykernel_6260/3915505720.py in get_closing_price(symbol)
      5     url = f'https://query1.finance.yahoo.com/v8/finance/chart/{symbol}?range=1d&interval=1m'
      6     response = requests.get(url)
----> 7     data = json.loads(response.text)
      8
      9     # 提取收盘价

~\anaconda3\lib\json\__init__.py in loads(s, cls, object_hook, parse_float, parse_int, parse_constant, object_pairs_hook, **kw)
    344         parse_int is None and parse_float is None and
    345         parse_constant is None and object_pairs_hook is None and not kw):
--> 346         return _default_decoder.decode(s)
    347     if cls is None:
    348         cls = JSONDecoder

~\anaconda3\lib\json\decoder.py in decode(self, s, _w)
    335
    336     """
--> 337     obj, end = self.raw_decode(s, idx=_w(s, 0).end())
    338     end = _w(s, end).end()
    339     if end != len(s):

~\anaconda3\lib\json\decoder.py in raw_decode(self, s, idx)
    353             obj, end = self.scan_once(s, idx)
    354         except StopIteration as err:
--> 355             raise JSONDecodeError("Expecting value", s, err.value) from None
    356         return obj, end

JSONDecodeError: Expecting value: line 1 column 1 (char 0)
```

图2.1 API链接提示报错（1）

这个错误通常发生在尝试解析空的、无效的或不存在的JSON数据时。在本案例中，可能的原因如下。

（1）请求的URL可能是错误的：API请求是通过特定的URL进行的，这个URL通常包含了API的服务地址、请求的数据类型及一些其他参数。如果这个URL包含了无效的字符或不符合预期的格式，可能会导致请求失败。这时，你需要检查你的URL是否正确，以及它是否返回了你预期的JSON数据。你可以尝试在浏览器中直接打开这个URL，看看它是否能够返回正确的数据。

（2）API未返回数据：有些时候，即使你的请求发送成功，API也可能不返回任何数据。这可能是由于服务器错误、未通过API的身份验证、达到API的请求限额或请求的资源不存在等原因造成的。你可以检查API的文档，看看是否需要进行身份验证，或者你的请求是否超过了API的限额。同时，你也需要确认你请求的资源是否确实存在。

（3）网络问题：网络问题也可能导致API请求失败。如果你的网络连接不稳定，或者网络速度过慢，可能会导致请求无法正确地发送或接收。

你可以尝试检查你的网络连接，或者在网络状况更好的时候再次发送请求。

这时，可以寻求ChatGPT来辅助解决这一问题。

> 报错显示为JSONDecodeError: Expecting value: line 1 column 1 (char 0)，如何解决？

ChatGPT：

要解决这个问题，你可以首先检查URL是否正确，然后检查API是否有特殊的使用限制或身份验证需求。同时，添加错误处理代码，以便在API请求失败时得到更有用的错误消息。例如：

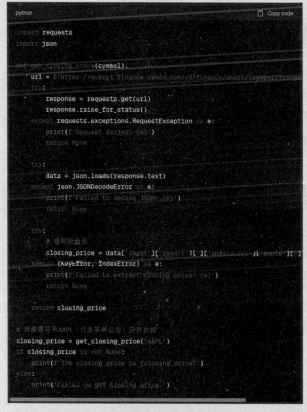

这个版本的函数添加了错误处理，可以更具体地报告失败的原因。

我们运行这个版本的代码,得到的结果如图2.2所示。

```
Request failed: 403 Client Error: Forbidden for url: https://query1.finance.yahoo.com/v8/finance/chart/AAPL?range=1d&interval=1m
Failed to get closing price.
```

图 2.2 API链接提示报错(2)

图2.2中显示的报错表明你试图访问的服务器拒绝了你的请求。这通常意味着你没有正确地进行身份验证,或者服务器不允许你访问请求的资源。在这个特定的情况下,Yahoo可能在你的请求中没有发现需要的认证信息,或者它可能限制了对API的访问。

Yahoo Finance API可能限制了一些未经认证的请求,因为它想防止滥用。有一些解决办法,具体如下。

(1)查看Yahoo Finance的API文档:Yahoo可能会在文档中提供关于如何访问它的API的指南。它可能要求你注册一个应用,然后使用应用的API密钥进行请求。

(2)使用有权访问Yahoo Finance API的第三方库:有一些Python库,如yfinance或yahoofinancials,可以让你更容易地访问Yahoo Finance的数据。这些库可能已经处理了与API通信所需的认证和格式问题。

2.2.2 使用第三方库:yfinance

yfinance是一个常用的Python库,它使获取Yahoo Finance的金融数据变得更加方便。其内部处理了API请求和数据解析的过程,使我们可以直接获得整洁且易于处理的数据。

(1)首先,我们需要安装yfinance库。在命令行或终端中输入以下命令。

```
pip install yfinance
```

(2)使用yfinance获取股票历史数据非常简单。下面是一个例子,展示如何获取苹果公司在2023年1月1日至2023年7月1日的历史行情数据。

```
import yfinance as yf
def get_closing_prices(symbol, start_date, end_date):
```

```
    # 下载数据
    data = yf.download(symbol, start=start_date,
end=end_date)
    if data.empty:
        print(f'No data for symbol {symbol} between
{start_date} and {end_date}')
        return None
    # 提取每日收盘价
    closing_prices = data['Close']
    return closing_prices
# 用股票符号 AAPL（代表苹果公司）获取数据
closing_prices = get_closing_prices('AAPL', '2023-01-01',
'2023-07-01')
if closing_prices is not None:
    print(f'The closing prices are:')
    print(closing_prices)
else:
    print('Failed to get closing prices.')
```

运行这段代码，将得到上述时间段每日的收盘价，如图 2.3 所示。注意，这将返回一个 Pandas Series，其中索引是日期，值是收盘价。

尽管 yfinance 提供了获取 Yahoo Finance 数据的简单方法，但它的主要弊端是对基本面数据的支持不足，如财务报表等，因此如果需要这类数据，我们需要使用其他库，如 yahoofinancials。

```
The closing prices are:
Date
2023-01-03    125.070000
2023-01-04    126.360001
2023-01-05    125.019997
2023-01-06    129.619995
2023-01-09    130.149994
                ...
2023-06-26    185.270000
2023-06-27    188.059998
2023-06-28    189.250000
2023-06-29    189.589996
2023-06-30    193.970001
Name: Close, Length: 124, dtype: float64

closing_prices.head()
Date
2023-01-03    125.070000
2023-01-04    126.360001
2023-01-05    125.019997
2023-01-06    129.619995
2023-01-09    130.149994
Name: Close, dtype: float64
```

图 2.3 通过 yfinance 下载上市公司股价数据

2.2.3 使用第三方库：yahoofinancials

yahoofinancials 是一个强大且灵活的工具，能够获取到 Yahoo Finance

上的大量数据，包括基本面数据。

（1）首先，我们需要安装yahoofinancials库。在命令行或终端中输入以下命令。

```
pip install yahoofinancials
```

（2）yahoofinancials的使用方法也相当简单。下面是一个获取苹果公司财务报表数据的示例。

```
from yahoofinancials import YahooFinancials
# 实例化一个 YahooFinancials 对象
yahoo_financials = YahooFinancials('AAPL')
# 获取财务摘要数据
financial_summary = yahoo_financials.get_financial_
stmts('annual', 'income')
# 输出财务摘要数据
print(financial_summary)
```

上述代码会输出苹果公司近年来的年度财务摘要数据，数据内容包括营业收入、净利润等各项财务指标，如图 2.4 所示。注意，这将返回一个字典，其中包含了详细的财务数据。

{'incomeStatementHistory': {'AAPL': [{'2019-09-30': {'netIncomeContinuousOperations': 55256000000.0, 'taxEffectOfUnusualItems': 0.0, 'netIncomeFromContinuingOperationNetMinorityInterest': 55256000000.0, 'totalOperatingIncomeAsReported': 63930000000.0, 'basicAverageShares': 18471336000.0, 'reconciledDepreciation': 12547000000.0, 'operatingExpense': 34462000000.0, 'totalRevenue': 260174000000.0, 'researchAndDevelopment': 16217000000.0, 'interestExpense': 3576000000.0, 'dilutedNIAvailtoComStockholders': 55256000000.0, 'netIncomeIncludingNoncontrollingInterests': 55256000000.0, 'normalizedEBITDA': 76477000000.0, 'grossProfit': 98392000000.0, 'basicEPS': 2.9925, 'otherNonOperatingIncomeExpenses': 1807000000.0, 'operatingRevenue': 260174000000.0, 'interestIncome': 4961000000.0, 'netNonOperatingInterestIncomeExpense': 1385000000.0, 'reconciledCostOfRevenue': 161782000000.0, 'taxRateForCalcs': 0.159438, 'netIncomeCommonStockholders': 55256000000.0, 'dilutedAverageShares': 18595652000.0, 'ebit': 63930000000.0, 'netIncome': 55256000000.0, 'normalizedIncome': 55256000000.0, 'costOfRevenue': 161782000000.0, 'pretaxIncome': 65737000000.0, 'taxProvision': 10481000000.0, 'interestIncomeNonOperating': 4961000000.0, 'sellingGeneralAndAdministration': 18245000000.0, 'otherIncomeExpense': 1807000000.0, 'operatingIncome': 63930000000.0, 'netInterestIncome': 1385000000.0, 'netIncomeFromContinuingAndDiscontinuedOperation': 55256000000.0, 'totalExpenses': 196244000000.0, 'interestExpenseNonOperating': 3576000000.0, 'dilutedEPS': 2.9725}}, {'2020-09-30': {'netIncomeContinuousOperations': 57411000000.0, 'taxEffectOfUnusualItems': 0.0, 'netIncomeFromContinuingOperationNetMinorityInterest': 57411000000.0, 'totalOperatingIncomeAsReported': 66288000000.0, 'basicAverageShares': 17352119000.0, 'reconciledDepreciation': 11056000000.0, 'operatingExpense': 38668000000.0, 'totalRevenue': 274515000000.0, 'researchAndDevelopment': 18752000000.0, 'interestExpense': 2873000000.0, 'dilutedNIAvailtoComStockholders': 57411000000.0, 'netIncomeIncludingNoncontrollingInterests': 57411000000.0, 'normalizedEBITDA': 77344000000.0, 'grossProfit': 104956000000.0, 'basicEPS': 3.31, 'otherNonOperatingIncomeExpenses': 803000000.0, 'operatingRevenue': 274515000000.0, 'interestIncome': 3763000000.0, 'netNonOperatingInterestIncomeExpense': 890000000.0, 'reconciledCostOfRevenue': 169559000000.0, 'taxRateForCalcs': 0.144282, 'netIncomeCommonStockholders': 57411000000.0, 'dilutedAverageShares': 17528214000.0, 'ebit': 66288000000.0, 'netIncome': 57411000000.0, 'normalizedIncome': 57411000000.0, 'costOfRevenue': 169559000000.0, 'pretaxIncome': 67091000000.0, 'taxProvision': 9680000000.0, 'interestIncomeNonOperating': 3763000000.0, 'sellingGeneralAndAdministration': 19916000000.0, 'otherIncomeExpense': 803000000.0, 'operatingIncome': 66288000000.0, 'netInterestIncome': 890000000.0, 'netIncomeFromContinuingAndDiscontinuedOperation': 57411000000.0, 'totalExpenses': 208227000000.0, 'interestExpenseNonOperating': 2873000000.0, 'dilutedEPS': 3.28}}, {'2021-09-30': {'netIncomeContinuousOperations': 94680000000.0, 'taxEffectOfUnusualItems': 0.0, 'netIncomeFromContinuingOperationNetMinorityInterest': 94680000000.0, 'totalOperatingIncomeAsReported': 108949000000.0, 'basicAverageShares': 16701272000.0, 'reconciledDepreciation': 11284000000.0, 'operatingExpense': 43887000000.0, 'totalRevenue': 365817000000.0, 'researchAndDevelopment': 21914000000.0, 'interestExpense': 2645000000.0, 'dilutedNIAvailtoComStockholders': 94680000000.0, 'netIncomeIncludingNoncontrollingInterests': 94680000000.0, 'normalizedEBITDA': 120233000000.0, 'grossProfit':

图 2.4 通过yahoofinancials下载上市公司财务数据（部分）

总的来说，yahoofinancials是一个获取Yahoo Finance数据的强大工具，尤其是在获取基本面数据方面，它的功能远超yfinance和直接使用API请求。

2.2.4 其他第三方库

除前文提到的yfinance和yahoofinancials外，还有许多其他的第三方库可以用来获取Yahoo Finance的数据。下面我们将介绍RapidAPI和Yahoo_fin这两个库。

（1）RapidAPI：RapidAPI是一个API市场，提供了许多不同的API，包括Yahoo Finance的API。通过RapidAPI，用户可以访问各种金融数据，包括股票报价、历史数据、财务数据等。使用RapidAPI的优点是，它提供了统一的API接口，可以访问其市场上的各种API，而不需要单独与每个API提供商建立关系。同时，RapidAPI提供了详细的文档和使用案例，便于开发者快速上手。但是，RapidAPI的一些API可能需要付费才能使用。

（2）Yahoo_fin：Yahoo_fin是一个免费的库，专门用于从Yahoo Finance抓取数据。Yahoo_fin提供了一种简单易用的方式，获取股票报价、历史市场数据、选项链、股息、分割和基本面数据等。与yfinance和yahoofinancials不同，Yahoo_fin也支持抓取实时的股票报价和交易量等信息。然而，因为Yahoo_fin是基于网页抓取的，所以如果Yahoo Finance的网页布局发生变化，Yahoo_fin可能会停止工作。

以上这些库都是获取金融市场数据的有用工具，每个库都有其自身的优点和缺点。选择哪个库取决于你的具体需求，比如，你需要什么类型的数据、你的预算是多少，以及你是否需要实时数据等。

2.3 数据处理：使用Python分析金融数据

下面将给出一个关于如何处理2.2.2小节中的下载数据的Python处理步骤。我们需要使用NumPy和Pandas库来分析这些数据，因为它们非常适合处理时间序列数据。

```
pip install pandas numpy
```

然后，我们对数据进行如下处理。

```python
import numpy as np
import pandas as pd
def calculate_metrics(closing_prices):
    # 计算普通收益率
    ordinary_returns = closing_prices.pct_change()
    # 计算对数收益率
    log_returns = np.log(closing_prices/closing_prices.shift(1))
    # 计算平均每日收益率
    mean_daily_returns = ordinary_returns.mean()
    # 计算平均每日波动率
    mean_daily_volatility = log_returns.std()
    # 计算年化收益率
    annualized_return = mean_daily_returns * 252
    # 计算年化波动率
    annualized_volatility = mean_daily_volatility * np.sqrt(252)
    return ordinary_returns, log_returns, mean_daily_returns, mean_daily_volatility, annualized_return, annualized_volatility
# 用股票符号AAPL（代表苹果公司）获取数据
closing_prices = get_closing_prices('AAPL', '2023-01-01', '2023-07-01')
if closing_prices is not None:
    ordinary_returns, log_returns, mean_daily_returns, mean_daily_volatility, annualized_return, annualized_volatility = calculate_metrics(closing_prices)
    print(f'Ordinary returns:\n{ordinary_returns}')
    print(f'Log returns:\n{log_returns}')
    print(f'Mean daily returns: {mean_daily_returns}')
    print(f'Mean daily volatility: {mean_daily_volatility}')
```

```
    print(f'Annualized return: {annualized_return}')
    print(f'Annualized volatility: {annualized_volatility}')
else:
    print('Failed to get closing prices.')
```

其中,提到的几个指标如下。

(1)普通收益率(也叫作简单收益率):指从一天到下一天价格变动的百分比。

$$r_t = (P_t - P_{t-1})/P_{t-1}$$

其中,r_t 为在时间 t 的普通收益率,P_t 为在时间 t 的价格,P_{t-1} 为在时间 $t-1$ 的价格。

(2)对数收益率:价格相对变动的另一种衡量方式,对于小的变动,它和普通收益率相近。但是,对数收益率有一些数学属性使它在金融分析中更为有用。例如,多个时间段的对数收益率可以直接相加。

$$r_t = \log(P_t/P_{t-1})$$

其中,r_t 为在时间 t 的普通收益率,P_t 为在时间 t 的价格,P_{t-1} 为在时间 $t-1$ 的价格。

(3)平均每日收益率:所有每日收益率的平均值,可以用来衡量资产的平均每日收益。

$$\mu = \frac{\sum r_t}{n}$$

其中,μ 为平均每日收益率;r_t 为在时间 t 的收益率;$\sum$ 为求和符号,表示对所有的 t(从1到 n)进行求和;n 为观察期的天数。

(4)平均每日波动率:所有每日收益率的标准差,可以用来衡量资产价格变动的不确定性或风险。

$$\sigma = \sqrt{\frac{\sum (r_t - \mu)^2}{n-1}}$$

其中,σ 为平均每日波动率;r_t 为在时间 t 的收益率;μ 为平均每日收益率;$\sum$ 为求和符号,表示对所有的 t(从1到 n)进行求和;n 为观察期的天数。

（5）年化收益率：将平均每日收益率换算为年化值，使我们可以更好地比较不同的投资。

$$R = \mu \times 252$$

其中，R 为年化收益率，μ 为平均每日收益率，252 为一年的交易日数。

（6）年化波动率：将平均每日波动率换算为年化值，用来衡量资产一年的价格变动风险。

$$\sigma_{annual} = \sigma \times \sqrt{252}$$

其中，σ_{annual} 为年化波动率，σ 为平均每日波动率，252 为一年的交易日数。

图 2.5 所示为通过运行 Python 得到的上述几个金融指标的数值结果。

```
[*******************100%***********************]  1 of 1 completed
Ordinary returns:
Date
2023-01-03         NaN
2023-01-04    0.010314
2023-01-05   -0.010605
2023-01-06    0.036794
2023-01-09    0.004089
                 ...
2023-06-26   -0.007553
2023-06-27    0.015059
2023-06-28    0.006328
2023-06-29    0.001797
2023-06-30    0.023103
Name: Close, Length: 124, dtype: float64
Log returns:
Date
2023-01-03         NaN
2023-01-04    0.010261
2023-01-05   -0.010661
2023-01-06    0.036133
2023-01-09    0.004081
                 ...
2023-06-26   -0.007582
2023-06-27    0.014947
2023-06-28    0.006308
2023-06-29    0.001795
2023-06-30    0.022840
Name: Close, Length: 124, dtype: float64
Mean daily returns: 0.0036581898983414052
Mean daily volatility: 0.012984112442675562
Annualized return: 0.9218638543820341
Annualized volatility: 0.2061163951093136
```

图 2.5　股票普通收益率、对数收益率及年化波动率

从图 2.5 中，我们不仅可以看到苹果公司每日的普通收益率和对数收益率，同时还计算出了该股票每天的平均收益率约为 0.3658%，每天的平均波动率（无论上涨或下跌）约为 1.2984%，如果这只股票的价格

能持续其当前的日均收益率，那么其一年的收益率约为 92.1864%；如果这只股票的价格能持续其当前的日均波动率，那么其一年的波动率约为 20.6116%。

2.3.1 重新采样

在处理时间序列数据，如股票价格时，重新采样（Resampling）是一个常见且重要的步骤。重新采样是改变数据的时间频率的过程，比如，你可能有一些每日收盘价数据，你可以将其重新采样为每周、每月、每季度甚至每年的数据。换句话说，你可以将高频数据降采样为低频数据（如从每日数据到每月数据），或者将低频数据升采样为高频数据（如从每月数据到每日数据）。

Python 的 Pandas 库提供了一种方便的方法来进行重新采样，使用的是 resample() 函数。这个函数可以用各种各样的频率参数，且可以自定义重新采样的方法。

让我们基于之前的例子，使用苹果公司的收盘价数据来演示重新采样。

```
# 使用上述代码获取苹果公司的每日收盘价数据
closing_prices = get_closing_prices('AAPL', '2023-01-01', '2023-07-01')
# 将每日数据重新采样为每月数据，采用每月最后一天的收盘价作为该月的
# 收盘价
monthly_closing_prices = closing_prices.resample('M').last()
# 打印每月收盘价
print(monthly_closing_prices)
```

得到的结果如图 2.6 所示。

在这个例子中，我们使用 resample('M') 函数将每日数据重新采样为每月数据，'M' 代表月份。然后我们使用 last() 函数，将每月的最后一个交易日的收盘价作为该月的收盘价。从图 2.6 中可以看到，重新采样的结果为月度数据。这只是其中一

```
Date
2023-01-31    144.289993
2023-02-28    147.410004
2023-03-31    164.899994
2023-04-30    169.679993
2023-05-31    177.250000
2023-06-30    193.970001
Freq: M, Name: Close, dtype: float64
```

图 2.6　重新采样结果

种选择，实际上，你可以使用任何适合你需求的函数，如mean()（平均）、first()（第一天）、max()（最大值）、min()（最小值）等。

通过这些函数，我们可以观察到每个月的平均收盘价、第一个交易日的收盘价、最高的收盘价，以及最低的收盘价。

当我们降低时间序列数据的频率（比如，从每日数据到每月数据）时，我们需要决定如何处理在一个时间单元（比如，一个月）内的多个观测值。这4个函数都是常见的处理方法，它们从不同的角度提供了对数据的概述。

选择哪种处理方法取决于你的具体需求。例如，如果你关心的是价格的总体趋势，那么可能会选择使用mean()函数；如果你关心的是每月的最高价或最低价，那么可以选择使用max()函数或min()函数。

需要注意的是，重新采样可能会导致信息的丢失（在降采样的情况下）或信息的插入（在升采样的情况下），所以在实际操作中应该根据具体需求选择合适的采样频率和方法。

2.3.2 滚动统计

滚动统计（Rolling Statistics）是一种常见的时间序列数据分析手段，它对固定大小的滑动窗口进行计算，以生成一系列的统计值，如滚动平均、滚动标准差等。这种方法可以帮助我们更好地理解时间序列数据的局部特性和变化趋势。

Python的Pandas库提供了方便的方法来进行滚动统计，主要使用的是rolling()函数。rolling()函数会创建一个滑动窗口，我们可以在这个窗口上进行各种统计运算。

让我们基于之前的例子，使用苹果公司的收盘价数据来演示滚动统计。

```
# 使用上述代码获取苹果公司的每日收盘价数据
closing_prices = get_closing_prices('AAPL', '2023-01-01', '2023-07-01')
# 计算10日滚动平均价格
rolling_mean = closing_prices.rolling(window=10).mean()
print('10-Day Rolling Mean Prices:')
```

```
print(rolling_mean)
# 计算 10 日滚动标准差
rolling_std = closing_prices.rolling(window=10).std()
print('\n10-Day Rolling Standard Deviation:')
print(rolling_std)
```

在这个例子中,我们使用rolling(window=10)函数创建了一个大小为10的滑动窗口。然后我们在这个窗口上分别计算了滚动平均价格(mean())和滚动标准差(std())。这些统计值可以帮助我们了解价格的短期变化趋势和波动情况。

同样,你可以根据需求使用任何适合的窗口大小和统计函数。比如,如果你想看更长期的趋势,可以选择更大的窗口;如果你想看价格的中位数、最高值或最低值,可以使用median()、max()或min()函数。

```
# 计算 10 日滚动中位数
rolling_median = closing_prices.rolling(window=10).median()
print('\n10-Day Rolling Median:')
print(rolling_median)
# 计算 10 日滚动最大值
rolling_max = closing_prices.rolling(window=10).max()
print('\n10-Day Rolling Maximum:')
print(rolling_max)
# 计算 10 日滚动最小值
rolling_min = closing_prices.rolling(window=10).min()
print('\n10-Day Rolling Minimum:')
print(rolling_min)
```

需要注意的是,滚动统计只考虑了时间窗口内的数据,而忽视了窗口之外的信息。因此,滚动统计是一种对数据局部特性的描述,而不是全局特性。

如果要从第 10 天开始绘制其趋势线,可以使用如下代码。

```
ax = closing_prices.iloc[9:].plot(figsize=(10, 6), lw=2.0)
rolling_min.iloc[9:].plot(ax=ax, style='b--', lw=0.8)
```

```
rolling_mean.iloc[9:].plot(ax=ax, style='r--', lw=0.8)
rolling_max.iloc[9:].plot(ax=ax, style='g--', lw=0.8)
```

得到的结果如图 2.7 所示。

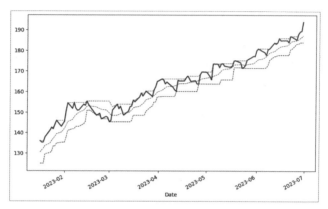

图 2.7 苹果公司的滚动统计示例

从图 2.7 中可以直观地看到近 200 天的股票价格及该期间的滚动平均值、最大值和最小值的变化,有助于进行更深入的数据分析和理解。

滚动统计是股票技术分析的主要工具之一,基于技术分析的交易策略有几十年的历史,这种策略使用两条简单移动平均线(Simple Moving Average,SMA)。这个策略的思想是,当短期 SMA 位于长期 SMA 之上时,交易者应该对股票(或一般的金融工具)进行买入,而当相反情况发生时,应该进行卖出。通常只有在满足窗口参数规定的数据量足够多时,才会计算滚动统计数据。

这里我们以短期为 5 的滑动窗口(一周),长期为 20 的滑动窗口为例,代码如下。

```
closing_price_short = closing_prices.rolling(window=5).mean()
closing_price_long = closing_prices.rolling(window=20).mean()
ax = closing_prices.iloc[19:].plot(figsize=(10, 6), lw=2.0)
closing_price_short[19:].plot(ax=ax, style='r', lw=2.0)
closing_price_long[19:].plot(ax=ax, style='g', lw=2.0)
```

这里提到了两种类型的SMA：5日SMA和20日SMA。

（1）5日SMA：作为一个短期简单移动平均线，5日SMA确实为我们捕获了股票的短期动态。它迅速反映了最近的价格变化，这也意味着它更容易受到日常价格波动的影响。在一个明确的趋势中，5日SMA通常会密切跟随股价。

（2）20日SMA：20日SMA为我们提供了对股票中期行为的见解。由于它涵盖了更长的时间框架，它更能够反映出股票的真实趋势，并过滤掉一些不重要的价格波动。

交易策略的核心观点是，当5日SMA从下方穿过20日SMA（短期平均价格超过长期平均价格）时，这是买入信号，说明可能会有一个上升趋势。相反，当5日SMA从上方穿过20日SMA时，这是卖出信号，说明可能会有一个下降趋势。这两条简单移动平均线经常一起使用，以确定所谓的"金叉"和"死叉"。简而言之，金叉是一个买入信号，而死叉是一个卖出信号。但在实践中，交易策略并不总是那么简单，因为还需要考虑其他因素，如交易成本、其他技术指标和市场情况。我们把两条SMA展示在图2.8中。

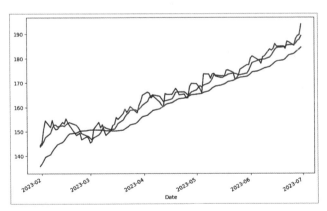

图2.8　苹果公司的5日SMA和20日SMA

从图2.8中可以看到，除3月左右，该股票呈下降趋势以外，其余时间几乎都处于上升趋势。然而，需要注意的是，任何技术分析工具都不能百分之百地准确预测市场行情。在实际操作中，投资者通常会结合其他的技术分析工具和基本面分析来做出投资决策。

2.4 数据可视化：使用 Matplotlib 等工具

除上述直接使用 Pandas 来作图外，Python 中的 Matplotlib 库是用于创建静态、动态和交互式的 2D 和 3D 图形的强大工具。在金融领域中，数据可视化帮助我们更好地理解和解释数据，从而做出更好的决策。下面以绘制收盘价的直方图、时间序列图，以及收盘价和成交量的散点图为例，通过 Python 的包管理器 pip 来安装 Matplotlib，然后输入以下命令。

```
pip install matplotlib
```

之后导入所需要的库。

```
import matplotlib.pyplot as plt
import yfinance as yf
from mpl_toolkits.mplot3d import Axes3D
```

假设我们已经获取了 2023 年 1 月 1 日至 2023 年 7 月 1 日苹果公司的历史数据，就可以用以下代码绘制收盘价的直方图。

```
# 加载数据
data = yf.download('AAPL', '2023-01-01', '2023-07-01')
# 绘制直方图
plt.figure(figsize=(10, 6))
plt.hist(data['Close'], bins=50, alpha=0.5, color='g')
plt.title('AAPL Closing Prices Histogram')
plt.xlabel('Closing Price')
plt.ylabel('Frequency')
plt.show()
```

得到的结果如图 2.9 所示。

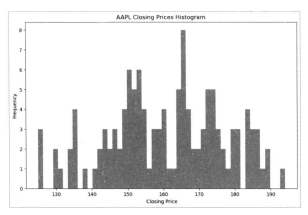

图 2.9 苹果公司收盘价的直方图

接下来,我们可以绘制时间序列图来观察收盘价随时间的变化。

```
# 绘制时间序列图
plt.figure(figsize=(10, 6))
plt.plot(data['Close'], color='b')
plt.title('AAPL Closing Prices Time Series')
plt.xlabel('Date')
plt.ylabel('Closing Price')
plt.show()
```

得到的结果如图 2.10 所示。

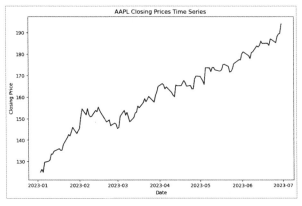

图 2.10 苹果公司收盘价的时间序列图

除此之外,我们还可以绘制收盘价和成交量的散点图,以便更好地理解这两个变量之间的关系。

```
# 绘制散点图
plt.figure(figsize=(10, 6))
plt.scatter(data['Close'], data['Volume'], alpha=0.5,
color='r')
plt.title('Scatter plot of Closing Prices and Volume')
plt.xlabel('Closing Price')
plt.ylabel('Volume')
plt.show()
```

得到的结果如图 2.11 所示。

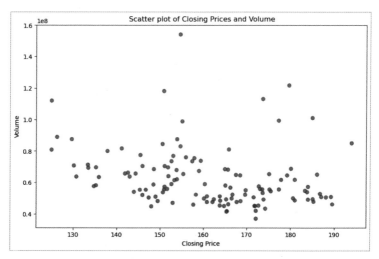

图 2.11　苹果公司收盘价和成交量的散点图

如果我们使用三维图来表示日期、收盘价和成交量之间的关系,为了使坐标显示日期,我们还需要导入另外两个库。

```
import pandas as pd
from matplotlib.ticker import FuncFormatter
from datetime import datetime
```

```python
# 绘制 3D 图形
fig = plt.figure(figsize=(10, 6))
ax = fig.add_subplot(111, projection='3d')
# 创建日期的数值表示形式,用于 3D 图
dates = pd.to_datetime(data.index)
x = [date.toordinal() for date in dates]
y = data['Close']
z = data['Volume']
ax.scatter(x, y, z, c='r', marker='o')
# 使用 FuncFormatter 自定义日期格式
formatter = FuncFormatter(lambda x, pos: datetime.
fromordinal(int(x)).strftime('%Y-%m-%d'))
ax.xaxis.set_major_formatter(formatter)
ax.set_xlabel('Date')
ax.set_ylabel('Closing Price')
ax.set_zlabel('Volume')
plt.show()
```

得到的结果如图 2.12 所示。

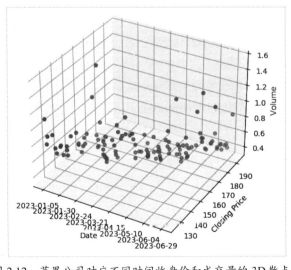

图 2.12　苹果公司对应不同时间收盘价和成交量的 3D 散点图

其中，使用的库为matplotlib.ticker和datetime，具体需要调用的函数如下。

（1）from matplotlib.ticker import FuncFormatter：matplotlib.ticker模块提供了一些类和函数用于自定义刻度的位置和标签。FuncFormatter是其中的一个类，它可以接收一个自定义的函数作为参数，用于格式化刻度标签。这个函数应该接收两个参数：刻度的值和刻度的位置，然后返回一个字符串作为刻度标签。在代码中，这个函数将刻度值从序数转换为日期，然后将日期格式化为字符串。

（2）from datetime import datetime：datetime是Python标准库中的一个模块，它提供了一些类和函数用于操作日期和时间。datetime模块中还有一个名为datetime的类，这个类可以表示一个具体的日期和时间。在代码中，datetime.fromordinal()函数将序数转换为日期，然后将日期格式化为字符串。

这些是使用Matplotlib库在Python中对金融数据进行可视化的一种方式。同样，你可以使用其他可视化库（如Seaborn、Plotly等）来根据你的需求进行更复杂的数据可视化。

2.5 实例：财务报表指标获取及分析

如果对财务报表的类型和指标不太熟悉，可以向ChatGPT询问哪些指标是重要的，然后通过使用上述提到的Python包来下载这些指标并进行分析。

> 财务报表中的重要指标有哪些？

> ⑤ ChatGPT：
> 　　财务报表是一个企业用以展示其财务状况和业绩的一组报告，主要包括资产负债表（Balance Sheet）、利润表（Income Statement）、现金流量表（Cash Flow Statement）及股东权益变动表（Statement of Changes

in Equity）。在这些报表中，有很多重要的财务指标，以下是一些常见的财务指标。

1. 资产负债表指标

（1）流动资产（Current Assets）：短期内可变现或用于支付债务的资产。

（2）流动负债（Current Liabilities）：企业在短期内需要履行的债务。

（3）净资产（Net Assets）：资产总额减去负债总额。

（4）股东权益（Shareholders' Equity）：公司的净资产与股东权益是相等的。

2. 利润表指标

（1）营业收入（Operating Revenue）：企业主营业务所产生的收入。

（2）营业成本（Operating Costs）：企业为实现主营业务收入而发生的成本。

（3）毛利润（Gross Profit）：营业收入减去营业成本。

（4）净利润（Net Profit）：公司在一定时期内所获得的收益减去成本和税收。

3. 现金流量表指标

（1）经营活动现金流（Cash Flow from Operating Activities）：企业日常经营活动产生的现金流量。

（2）投资活动现金流（Cash Flow from Investing Activities）：企业投资活动产生的现金流量。

（3）筹资活动现金流（Cash Flow from Financing Activities）：企业筹资活动产生的现金流量。

4. 股东权益变动表指标

（1）股本（Share Capital）：公司通过发行股票所筹集的资金。

（2）留存收益（Retained Earnings）：公司未分配给股东的累计净利润。

另外，还有一些综合性的财务比率和指标，具体如下。

（1）流动比率（Current Ratio）：流动资产除以流动负债，用于衡量企业短期偿债能力。

（2）速动比率（Quick Ratio）：（流动资产 - 存货）除以流动负债，用于衡量企业去除存货后的短期偿债能力。

（3）负债比率（Debt Ratio）：总负债除以总资产，用于衡量企业的负债水平。

（4）毛利率（Gross Margin）：毛利润除以营业收入，用于衡量公司的盈利能力和产品定价策略。

（5）净利润率（Net Profit Margin）：净利润除以营业收入，用于衡量企业的整体盈利能力。

（6）资产周转率（Asset Turnover Ratio）：营业收入除以总资产，用于衡量企业利用资产的效率。

（7）股东权益收益率（Return on Equity，ROE）：净利润除以股东权益，用于衡量企业为股东创造的价值。

（8）资产收益率（Return on Assets，ROA）：净利润除以总资产，用于衡量企业资产的盈利能力。

（9）产权比率（Equity Ratio）：股东权益除以总资产，用于衡量企业的资本结构。

（10）每股收益（Earnings per Share，EPS）：净利润除以股份总数，用于衡量每股股票的盈利水平。

（11）市盈率（Price-to-Earnings Ratio，P/E）：股票价格除以每股收益，用于衡量股票的相对价值。

（12）市净率（Price-to-Book Ratio，P/B）：股票价格除以每股净资产，用于衡量股票相对于企业净资产的价值。

这些财务指标可以帮助投资者、管理者和其他利益相关者了解企业的财务状况、运营效率、盈利能力及估值水平。需要注意的是，单独看某一个指标可能无法全面评价企业的财务状况，建议结合多个指标综合分析。同时，对于不同行业和企业规模，合适的指标权重可能会有所不同。

下面假设我们现在需要获取特斯拉（Tesla, Inc.：TSLA）近4年的净利润率（Net Profit Margin），然后通过该指标来分析特斯拉的整体盈利能力。

2.5.1 获取特斯拉的年度财务数据

我们已知需要通过yahoofinancials来下载财务数据，由上述ChatGPT

的回答可知,净利润和营业收入均在利润表中。

首先导入需要使用的库。

```
import pandas as pd
import yahoofinancials
import matplotlib.pyplot as plt
```

并将股票代码设置为 TSLA,通过 yahoofinancials 来下载年度利润表数据。

```
ticker = 'TSLA'
yahoo_financials = yahoofinancials.YahooFinancials(ticker)
financials_data = yahoo_financials.get_financial_stmts('annual', 'income')
```

下载完成后,读取数据样本结果,如图 2.13 所示。

```
financials_data
{'incomeStatementHistory': {'TSLA': [{'2022-12-31': {'interestIncome': 297000000.0,
   'operatingExpense': 7021000000.0,
   'netIncomeFromContinuingAndDiscontinuedOperation': 12583000000.0,
   'pretaxIncome': 13719000000.0,
   'netIncome': 12583000000.0,
   'interestExpense': 191000000.0,
   'normalizedEBITDA': 17833000000.0,
   'interestIncomeNonOperating': 297000000.0,
   'specialIncomeCharges': -176000000.0,
   'totalUnusualItems': -176000000.0,
   'dilutedAverageShares': 3475000000.0,
   'ebit': 13910000000.0,
```

图 2.13　特斯拉利润表数据下载

从图 2.13 中可知,读取数据类型为 dict,时间线为 "2022-12-31" "2019-12-31" "2020-12-31" "2021-12-31",如需要按照由先到后的时间重新排序,则可知需要的位序为 4、1、2、3。我们进而询问 ChatGPT 净利润和营业收入在该下载数据中的符号是什么。

> 🔟 通过 yahoofinancials 下载的利润表中,净利润和营业收入的键值分别是什么?

> **ChatGPT:**
> 在通过yahoofinancials下载的利润表中,净利润(Net Income)和营业收入(Total Revenue)的键值(Key)分别是'netIncome'和'totalRevenue'。

由此我们获取这些数据,存入一个新建的Pandas数据结构(data)中。

(1)净利润(新建data)。

```
data = pd.DataFrame([financials_
data['incomeStatementHistory'][ticker][1]['2019-12-31']
['netIncome'], financials_data['incomeStatementHistory']
[ticker][2]['2020-12-31']['netIncome'], financials_
data['incomeStatementHistory'][ticker][3]['2021-12-31']
['netIncome'], financials_data['incomeStatementHistory']
[ticker][4]['2022-12-31']['netIncome']], columns =
['netIncome'], index = ['2019', '2020', '2021', '2022'])
```

(2)营业收入(在data中增加一列)。

```
data['totalRevenue'] = pd.DataFrame([financials_
data['incomeStatementHistory'][ticker][1]
['2019-12-31']['totalRevenue'], financials_
data['incomeStatementHistory'][ticker][2]
['2020-12-31']['totalRevenue'], financials_
data['incomeStatementHistory'][ticker][3]
['2021-12-31']['totalRevenue'], financials_
data['incomeStatementHistory'][ticker][4]['2022-12-31']
['totalRevenue']], index = ['2019', '2020', '2021', '2022'])
```

此时,得到的结果如图2.14所示。

	netIncome	totalRevenue
2019	-8.620000e+08	2.457800e+10
2020	6.900000e+08	3.153600e+10
2021	5.519000e+09	5.382300e+10
2022	1.258300e+10	8.146200e+10

图2.14 特斯拉2019—2022年的净利润和营业收入

2.5.2 计算所需的财务指标

从本节开头的ChatGPT回答中可知,净利润率(Net Profit Margin)的计算公式为净利润除以营业收入,即

$$净利润率(\text{Net Profit Margin}) = \frac{净利润(\text{Net Income})}{营业收入(\text{Total Revenue})}$$

通过Python我们可以得到:

```
data['netProfitMargin'] = data['netIncome'] / data['totalRevenue']
```

将得到数值作为data中新的一列,我们可以看到新的结果,如图2.15所示。

	netIncome	totalRevenue	netProfitMargin
2019	-8.620000e+08	2.457800e+10	-0.035072
2020	6.900000e+08	3.153600e+10	0.021880
2021	5.519000e+09	5.382300e+10	0.102540
2022	1.258300e+10	8.146200e+10	0.154465

图 2.15 特斯拉 2019—2022 年的净利润率数值

2.5.3 该财务指标(净利润率)可视化

将得到的数据转化为百分比并作图,运行下述代码。

```
(data['netProfitMargin']*100).plot(lw=2.0, figsize=(10, 6))
plt.xlabel('Year')
plt.ylabel('%')
plt.title('Tesla Net Profit Margin over the Last Four Years')
plt.show()
```

我们可以看到特斯拉在近4年的净利润率变化,如图2.16所示。

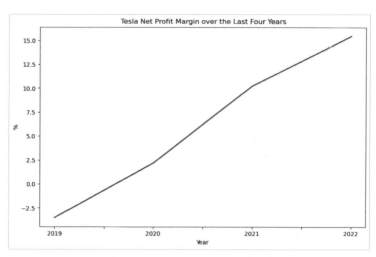

图 2.16 特斯拉 2019—2022 年的净利润率趋势图（百分比）

2.5.4 该财务指标（净利润率）的趋势分析

根据图 2.16 的特斯拉净利润率趋势图，当我们想要撰写一个财务指标分析时，同样可以询问ChatGPT这个数值变化的意义。

> 特斯拉从 2019—2022 年的净利润率分别为-3.5072%、2.1880%、10.2540%和 15.4465%，写一个该指标的分析报告来对其进行趋势分析。

ChatGPT：

标题：特斯拉 2019—2022 年净利润率趋势分析报告

摘要：本报告对特斯拉（Tesla, Inc.：TSLA）2019—2022 年的净利润率进行了详细的趋势分析。数据显示，特斯拉的净利润率在这 4 年间呈现显著上升趋势，从 2019 年的-3.5072%逐年提高至 2022 年的 15.4465%。这表明特斯拉的盈利能力得到了显著提升。

1. 背景与数据

特斯拉是全球著名的电动汽车及可再生能源领域的领导者。在过去的 4 年里，特斯拉不仅在市场份额上取得了重要突破，还在盈利能力方面取得了显著进步。本报告主要关注特斯拉 2019—2022 年的净利润率,用以评估公司的整体盈利能力及其变化趋势。

2. 分析与讨论

2019 年: 净利润率 -3.5072%。在 2019 年, 特斯拉的净利润率为 -3.5072%, 表明该公司在这一年内出现亏损。此时, 特斯拉正处于扩大产能、研发投入较大及市场竞争加剧的阶段, 这些因素导致公司的盈利能力受到一定程度的影响。

2020 年: 净利润率 2.1880%。到了 2020 年, 特斯拉的净利润率实现了正向转变, 达到了 2.1880%, 这一进步意味着公司开始实现盈利。此时, 特斯拉在全球范围内的市场份额逐步扩大, 新车型发布及产能逐步提高, 加之公司在运营效率和成本控制方面的改善, 共同助力实现盈利。

2021 年: 净利润率 10.2540%。进入 2021 年, 特斯拉的净利润率再次实现显著提升, 达到 10.2540%。这一年, 特斯拉在全球市场的销量持续增长, 尤其是在中国市场取得显著突破。同时, 由于规模经济效应的逐步显现和生产成本的降低, 公司的盈利能力得到进一步提升。

2022 年: 净利润率 15.4465%。截至 2022 年, 特斯拉的净利润率再次大幅提高, 达到了 15.4465%。在这一年中, 特斯拉继续保持强劲的销量增长势头, 进一步巩固了其在全球电动汽车市场的领导地位。此外, 公司在生产效率、供应链管理和产品创新方面取得了重要突破, 从而在盈利能力上实现了更高的水平。

3. 结论

综上所述, 特斯拉在 2019—2022 年的净利润率表现出显著的上升趋势。从亏损转向稳定盈利, 再到盈利能力的不断提升, 这一过程凸显了特斯拉在市场拓展、运营效率改善和成本控制等方面的成功经验。展望未来, 随着电动汽车市场的持续扩大及特斯拉在技术创新和市场渗透上的优势, 预期公司的盈利能力将继续保持上升趋势。然而, 值得注意的是, 特斯拉仍需应对市场竞争日益激烈、原材料价格波动等潜在风险。建议特斯拉继续优化产品线、加强研发投入及提升供应链管理能力, 以应对未来的挑战并保持盈利能力的稳定增长。

本报告对特斯拉（Tesla, Inc.：TSLA）2019—2022 年的净利润率进行了深度研究与全面分析，揭示了其财务状况和盈利能力的重要趋势。报告首先概述了特斯拉的业务背景及其在全球电动车和可再生能源领域中的领先地位。通过研究，我们发现在 2019—2022 年这 4 年中，特斯拉的净利润率从 –3.5072% 逐步上升到 15.4465%，这不仅证明了特斯拉成功实现了从亏损到盈利的转变，而且其盈利能力在持续提升。

分析部分详细阐述了特斯拉每年净利润率变化的主要因素。这 4 年里，特斯拉通过不断扩大市场份额、优化运营效率、控制成本，以及实施有效的市场策略，成功地提高了公司的盈利能力。其中，特斯拉在全球市场的销量增长，尤其是在中国市场的显著突破，以及规模经济效应的显现和生产成本的降低，都对公司盈利能力的提升起到了积极作用。

报告的结论部分总结了特斯拉在过去 4 年里净利润率显著上升的趋势，预期未来特斯拉的盈利能力将继续保持上升趋势。然而，特斯拉仍需注意并应对市场竞争日益激烈、原材料价格波动等潜在风险。我们建议特斯拉进一步优化产品线，加强研发投入，提升供应链管理能力，以应对未来的挑战并保持盈利能力的稳定增长。

总的来说，本报告为理解特斯拉的盈利能力提供了全面和深入的分析。同时，这也为其他汽车制造商或有意进入这一领域的公司提供了宝贵的参考信息。

当我们需要预测 2023 年的净利润率时，我们可以继续询问 ChatGPT。

> 能否预测该公司 2023 年的净利润率？

ChatGPT：

虽然作为 AI 模型，我无法直接预测特斯拉 2023 年的净利润率，但我可以为你提供一个基于历史数据的简单线性回归预测。请注意，这种预测方法可能不够准确，因为它不能考虑到未来可能发生的突发事件、公司战略变化、市场竞争等复杂因素。以下是一个简单的线性回归预测示例。

```python
import numpy as np
import pandas as pd
from sklearn.linear_model import LinearRegression

# 特斯拉2019-2022年的净利润率数据
data = {
    'Year': [2019, 2020, 2021, 2022],
    'Net Profit Margin': [-3.5072, 2.1880, 10.2540, ...]
}

df = pd.DataFrame(data)

# 简单线性回归预测
X = np.array(df['Year']).reshape(-1, 1)
y = np.array(df['Net Profit Margin'])

model = LinearRegression()
model.fit(X, y)

# 预测2023年的净利润率
X_2023 = np.array([2023]).reshape(-1, 1)
y_2023_pred = model.predict(X_2023)

print(f"预测的2023年特斯拉净利润率: {y_2023_pred[0]:.4f}%")
```

此代码使用简单线性回归模型根据 2019—2022 年的净利润率数据预测了 2023 年的净利润率。然而，需要注意的是，这种预测方法并不完全可靠，因为它不能完全捕捉到公司内外部的复杂因素。实际上，预测未来财务指标通常需要更复杂的模型和更多的信息，例如，公司的策略、宏观经济状况、行业趋势等。

通过 ChatGPT 提供的代码示例，你可以轻松地将代码复制到 Python 环境中，立即执行可得到图 2.17 所示的结果。

预测的2023年特斯拉净利润率: 22.3271%

图 2.17　特斯拉 2023 年的净利润率预测

这一过程的便捷性充分体现了 ChatGPT 的强大功能，它为用户提供了即时、有效的解决方案。这种实时性和易用性展示了人工智能的潜力，使从问题提出到解决方案实现的过程变得更加迅速和高效。ChatGPT 在提供预测方案的同时，还对预测方法的局限性进行了说明，这表现出了人工智能模型在解决问题时的全面性和谨慎性。这种在分析过程中兼顾实用性和准确性的能力使ChatGPT成为一个非常值得信赖的工具。通过提供有针对性的解决方案和相关风险提示，ChatGPT能帮助用户在实际操作中避免盲目行动，使决策过程更加明智和全面。这种综合性能力充分体现了ChatGPT的强大和智能，展现了人工智能在解决实际问题中的巨大价值。

第 3 章

量化策略与模型

本章深入探讨量化投资策略及金融模型,涉及统计学、技术分析、基本面分析、衍生品定价及风险管理。我们不仅讨论传统金融策略,还重点关注金融科技领域,如机器学习、深度学习和自然语言处理在金融领域中的应用。通过实例,我们将展示如何用 Python 和 ChatGPT 进行市场情绪分析,以及深度学习和自然语言处理的量化策略。主要 Python 库如下。

- SciPy、StatsModels:统计学与金融分析工具。
- Matplotlib、Seaborn:图形和数据可视化。
- Scikit-learn:机器学习分类器和回归模型。
- Keras、TensorFlow:深度学习模型创建和训练。
- Transformers:文本数据处理和分析。
- pandas_ta:技术分析的扩展库,为金融数据分析提供功能强大的工具。

这些库在金融数据分析中都扮演着关键角色。

3.1 统计学与金融:常见统计模型与方法

在量化金融领域中,统计学的应用无处不在。通过统计分析,我们可以更深入地理解金融数据的特性,并根据这些理解构建有效的量化投资策略。本节将探讨一些常见的统计模型与方法,并展示如何将它们应用于金融领域。

3.1.1 描述性统计

描述性统计是用来描述、概括和总结数据特性的基本统计方法。在金融数据分析中,描述性统计常被用来对数据的分布、集中趋势、离散程度等进行初步了解。下面我们将详细介绍一些重要的描述性统计指标。

1. 均值

均值(Mean)是所有数据值的总和除以数据的数量。在金融领域中,均值常用来衡量一组金融数据的集中趋势,如过去一段时间内股票的平均价格或平均收益率等。均值的计算公式如下。

$$\mu = \bar{X} = \frac{1}{n}\sum_{i=1}^{n} x_i$$

其中,n 为数据的数量,x_i 为每一个数据值。

2. 中位数

中位数(Median)是将一组数据按大小顺序排列后,位于中间位置的数据。如果数据的数量是偶数,中位数就是中间两个数据的平均值。与均值相比,中位数受极端值(离群值)的影响较小,更能反映数据的真实集中趋势。

3. 众数

众数(Mode)是一组数据中出现次数最多的值。在连续数据中,众数可能不存在或存在多个。众数反映了数据的最常见状态。

4. 标准差和方差

标准差(Standard Deviation)是每个数据值与均值之差的平方的平均值的平方根,用来衡量数据的离散程度。方差(Variance)是标准差的平方。标准差和方差越大,说明数据的波动性越大。在金融领域中,标准差常用来衡量风险,如股票的价格波动等。方差的计算公式如下。

$$\sigma^2 = \frac{1}{n-1}\sum_{i=1}^{n}(x_i - \overline{X})^2$$

标准差是方差的平方根。

5. 偏度

偏度（Skewness）用来衡量数据分布的不对称性。正偏（偏度值 > 0）意味着数据的右尾部分较长或厚，负偏（偏度值 < 0）意味着数据的左尾部分较长或厚。偏度为 0 则表示数据分布是对称的。

6. 峰度

峰度（Kurtosis）用来衡量数据分布的峰态，即数据分布的尖锐程度和尾部的厚度。当峰度大于 0 时，表示数据分布比正态分布更尖峭，尾部更厚；当峰度小于 0 时，表示数据分布比正态分布更平坦，尾部更薄。

这些描述性统计量可以在 Python 中使用 Pandas 库进行计算，下面以下载 2023 年 1 月 1 日至 2023 年 7 月 1 日的苹果公司股票的数据为例，首先需要导入必要的 Python 库。

```python
# 导入必要的库
import pandas as pd
import yfinance as yf
import matplotlib.pyplot as plt
```

使用 yfinance 库下载苹果公司（股票代码：AAPL）的历史数据，并选择其中的收盘价。

```python
# 下载苹果公司的历史数据
data = yf.download('AAPL', start='2023-01-01', end='2023-07-01')
# 选择收盘价
close_price = data['Close']
# 输出收盘价的前 5 个数据
print(close_price.head())
```

得到的结果如图 3.1 所示。

接下来,我们将每日收盘价取整,并查看处理后的数据。

```
# 将收盘价取整
close_price_rounded = close_price.round()
# 输出取整后的前 5 个数据
print(close_price_rounded.head())
```

得到的结果如图 3.2 所示。

```
Date
2023-01-03    125.070000
2023-01-04    126.360001
2023-01-05    125.019997
2023-01-06    129.619995
2023-01-09    130.149994
Name: Close, dtype: float64
```

```
Date
2023-01-03    125.0
2023-01-04    126.0
2023-01-05    125.0
2023-01-06    130.0
2023-01-09    130.0
Name: Close, dtype: float64
```

图 3.1　苹果公司下载数据的前 5 行(默认值)收盘价

图 3.2　苹果公司前 5 行收盘价的取整结果

然后,我们可以计算各种描述性统计量。

```
# 计算均值
mean = close_price_rounded.mean()
print(f'Mean: {mean}')
# 计算中位数
median = close_price_rounded.median()
print(f'Median: {median}')
# 计算众数
mode = close_price_rounded.mode()
print(f'Mode: {mode[0]}')
# 计算标准差
std = close_price_rounded.std()
print(f'Standard deviation: {std}')
# 计算方差
var = close_price_rounded.var()
print(f'Variance: {var}')
# 计算偏度
skew = close_price_rounded.skew()
print(f'Skewness: {skew}')
```

```
# 计算峰度
kurt = close_price_rounded.kurt()
print(f'Kurtosis: {kurt}')
```

得到的结果如图 3.3 所示。

```
Mean: 160.92741935483872
Median: 161.5
Mode: 165.0
Standard deviation: 16.248163567073867
Variance: 264.00281930238657
Skewness: -0.16775831878833777
Kurtosis: -0.6396185393310341
```

图 3.3　苹果公司 2023 年上半年收盘价的统计描述

图 3.3 得到的结果说明在 2023 年 1 月 1 日至 2023 年 7 月 1 日期间，苹果公司的股票收盘价（取整后）的平均值约为 160.93 美元，反映出该时间段内的整体价格水平。中位数为 161.5 美元，意味着一半的收盘价低于这个价位，另一半则高于这个价位。价格最常出现在 165 美元，这是这段时间内股票收盘价的最常见水平。此外，标准差约为 16.25，反映出苹果公司股票价格在这段时间内的波动性。方差约为 264，它的平方根（标准差）提供了价格波动的另一种衡量方式。偏度约为 -0.17，显示收盘价分布相对对称，且稍微偏向左侧，而峰度约为 -0.64，则表明价格分布相对于正态分布更为平坦，尖峰厚尾现象不明显。

最后，我们可以将原始收盘价和取整后的收盘价进行可视化。

```
# 创建一个新的figure
plt.figure(figsize=(10, 6))
# 绘制原始收盘价
plt.plot(close_price.index, close_price,
label='Original Close Price')
# 绘制取整后的收盘价
plt.plot(close_price_rounded.index, close_price_rounded,
label='Rounded Close Price', linestyle='--')
# 添加图例
plt.legend()
```

```
# 显示图表
plt.show()
```

得到的结果如图 3.4 所示。

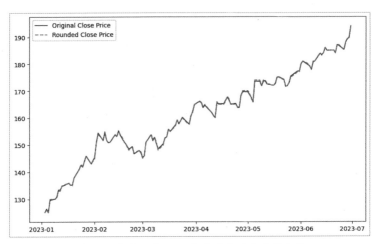

图 3.4　苹果公司 2023 年收盘价及取整收盘价

以上就是一个使用 Python 进行描述性统计的例子，其中使用 yfinance 库来下载数据，使用 Pandas 库进行数据处理和统计计算，使用 Matplotlib 库进行数据可视化。这个例子展示了如何在 Python 中进行描述性统计，并提供了对金融数据进行初步分析的方法。

3.1.2　概率分布

概率分布描述一个随机变量在其可能取值范围内的每一个取值对应的概率。它为我们提供了一个框架，来定量描述随机变量或随机事件的可能结果及其对应的概率。概率分布可以是离散的，也可以是连续的，这取决于随机变量的取值是离散的还是连续的。

在金融领域中，我们经常会遇到一些具有特定概率分布的数据。选择哪种概率分布模型，取决于我们试图解决的问题类型和我们所处理的数据特性。

1. 正态分布

正态分布（Normal Distribution）也称为高斯分布，是一种在数学、物理及工程等领域中最常见的概率分布。正态分布的重要性在于它的一些独特属性，例如，其对称性和在均值附近的集中性。这意味着，在大多数情况下，其结果会非常接近平均值。由于其数学上的便利性和广泛的适用性，正态分布被广泛应用在金融领域中。例如，股票的日收益率通常假设服从正态分布，这样我们就可以使用正态分布的统计性质来对未来收益进行预测，并评估风险。但实际上，这是一个简化的模型，真实的金融市场数据可能会出现"胖尾"现象，即极端事件的概率更高，这种情况下可能需要更复杂的分布模型。

图 3.5 展示了由于不同均值和方差形成的不同正态分布形态。正态分布的概率密度函数为：

$$f(x) = \frac{1}{\sqrt{2\pi\sigma^2}} e^{-\frac{1}{2\sigma^2}(x-\mu)^2}$$

其中，μ 为均值，σ 为标准差。正态分布具有以下特性：其图形关于均值对称，均值、中位数和众数都是同一个值，即三者相等。

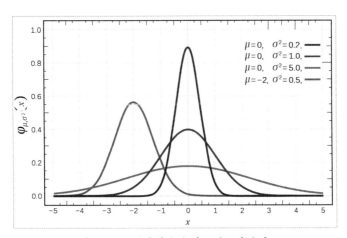

图 3.5　不同均值和方差下的正态分布

在 Python 中，我们可以使用 NumPy 和 Matplotlib 库来生成并可视化一个正态分布。

```
import numpy as np
from scipy.stats import norm
# 创建一个均值为 0,标准差为 1 的正态分布
mu = 0
sigma = 1
x = np.linspace(mu-3*sigma, mu+3*sigma, 100)
y = norm.pdf(x, mu, sigma)
plt.figure(figsize=(10, 6))
plt.plot(x, y)
plt.title('Normal Distribution')
plt.xlabel('x')
plt.ylabel('Probability Density')
plt.grid(True)
plt.show()
```

得到的结果如图 3.6 所示。

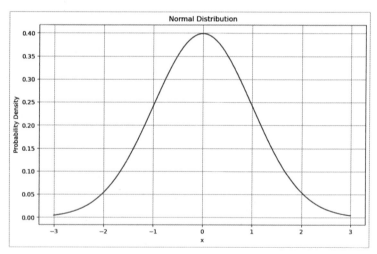

图 3.6 标准正态分布

2. 泊松分布

泊松分布(Poisson Distribution)是描述在一定时间或空间内随机事件发生次数的概率分布。在金融领域中,有很多事件的发生可以看作随机的,而且事件之间相互独立,例如,客户的购买行为、电话呼入次数等。泊松分布因此被广泛应用在此类事件计数的情景下,帮助我们理解和预测这类随机事件的数量。对于金融市场的订单流、交易频率等也经常用泊松分布或其相关分布进行建模。

泊松分布的概率密度函数为:

$$P(x;\lambda) = \frac{\lambda^x e^{-\lambda}}{x!}$$

其中,λ 为单位时间(或单位面积)内随机事件的平均发生次数; x 为实际发生的次数, $x = 0, 1, 2, \cdots$。泊松分布的期望值和方差都等于 λ。

在 Python 中,我们可以使用 NumPy 和 Matplotlib 库来生成并可视化一个泊松分布。

```
from scipy.stats import poisson
# 创建一个 λ 为 4 的泊松分布
lambda_val = 4
x = np.arange(poisson.ppf(0.01, lambda_val),
poisson.ppf(0.99, lambda_val))
y = poisson.pmf(x, lambda_val)
plt.figure(figsize=(10, 6))
plt.plot(x, y, 'bo', ms=8, label='poisson pmf')
plt.title('Poisson Distribution')
plt.xlabel('x')
plt.ylabel('Probability Mass')
plt.grid(True)
plt.show()
```

得到的结果如图 3.7 所示。

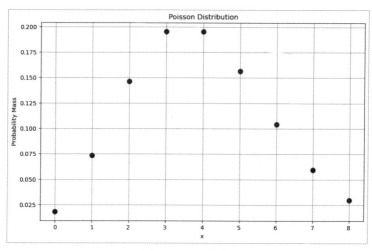

图 3.7 泊松分布

3.1.3 假设检验

假设检验是统计学的核心概念之一，它是一种从样本数据出发，推断总体参数的方法。假设检验的基本思想是通过样本信息来判断某个关于总体参数的假设是否成立，如果从样本信息来看这个假设不大可能成立，则拒绝这个假设。

在假设检验中，我们设立两个互相对立的假设：零假设（Null Hypothesis，记作 H_0）和对立假设（Alternative Hypothesis，记作 H_1 或 H_a）。零假设通常是我们希望推翻的假设，对立假设是我们希望用数据支持的假设。

一旦设立了零假设和对立假设，我们就可以计算出一个统计量（如 t 值或 χ^2 值等），并计算出其对应的 p 值（p-value）。p 值是指在零假设成立的情况下，出现当前样本或更极端情况的概率。

通常，我们会设立一个显著性水平（α），如果 p 值小于 α，那么我们就拒绝零假设，接受对立假设，即认为我们的观察结果是显著的（Significant）。常用的显著性水平是 0.05 或 0.01。

Python 的 SciPy 库中的 stats 模块提供了大量的假设检验方法。例如，

t 检验可以通过 ttest_ind() 函数实现，χ^2 检验可以通过 chi2_contingency() 函数实现。

下面我们将提供两个例子，分别是使用 t 检验和 χ^2 检验的例子。

1. t 检验

假设有两组股票的收益率数据，我们想知道这两组数据的均值是否存在显著性差异。可以设立零假设 H_0：两组数据的均值无显著性差异；对立假设 H_a：两组数据的均值存在显著性差异。

```
from scipy import stats
# 生成两组随机数据
np.random.seed(0)
data1 = np.random.normal(0, 1, 1000)
data2 = np.random.normal(0.1, 1, 1000)
# 进行t检验
t_statistic, p_value = stats.ttest_ind(data1, data2)
print(f"t statistic: {t_statistic}")
print(f"p value: {p_value}")
```

由于样本的随机性，运行结果可能会不同，本次得到的结果如图 3.8 所示。

```
t statistic: -3.631948749571148
p value: 0.0002883783194055379
```

图 3.8　t 检验

如图 3.8 所示，t 统计量的值约为 -3.63，表示两组数据的均值差异的标准化值。这个值是负数，说明第一组数据的均值小于第二组数据的均值。p 值约为 0.000288，这个值非常接近于 0，远小于常见的显著性水平（如 0.05 或 0.01）。这意味着，如果两组数据的均值无显著性差异（零假设成立），那么我们观察到这样的数据或更极端的情况的概率非常小。

因此，我们有足够的证据拒绝零假设（两组数据的均值无显著性差异），并接受对立假设（两组数据的均值存在显著性差异）。

2. χ^2 检验

假设有一组股票的价格数据,我们想知道股票的涨跌是否与星期几有关。可以设立零假设 H_0:股票的涨跌与星期几无关;对立假设 H_a:股票的涨跌与星期几有关。

在这个例子中,首先需要生成一个列联表(Contingency Table),然后使用 χ^2 检验。

```
# 假设我们有以下列联表
# 每一行代表一周中的某一天,每一列代表涨或跌
data = pd.DataFrame({
    'Rise': [10, 9, 8, 15, 20],
    'Fall': [20, 15, 18, 10, 5]
}, index=['Monday', 'Tuesday', 'Wednesday', 'Thursday', 'Friday'])
# 进行 χ² 检验
chi2, p, _, _ = stats.chi2_contingency(data)
print(f"Chi-squared: {chi2}")
print(f"p value: {p}")
```

得到的结果如图 3.9 所示。

```
Chi-squared: 18.44184851359899
p value: 0.0010113317624273809
```

图 3.9 χ^2 检验

如图 3.9 所示,χ^2 统计量(Chi-squared)的值约为 18.44,这个值表示我们的观测值与期望值之间的差异的程度。p 值约为 0.00101,这个值非常接近于 0,远小于常见的显著性水平(如 0.05 或 0.01)。这意味着,如果股票的涨跌与星期几无关(零假设成立),那么我们观察到这样的数据或更极端的情况的概率非常小。

因此,我们有足够的证据拒绝零假设(股票的涨跌与星期几无关),并接受对立假设(股票的涨跌与星期几有关)。

在这两个例子中,我们都能得到 p 值,然后根据 p 值判断是否拒绝零假设。

需要注意的是,假设检验是基于概率的,所以即使 p 值很小,也不能完全排除零假设的可能性。另外,假设检验只能帮助我们判断两个变量间是否存在关系,而不能说明这二者之间的因果关系。

3.1.4 时间序列分析

时间序列分析是用来分析按时间顺序收集的数据点的方法。这些数据点通常按均匀的时间间隔(例如,每天、每周或每月)进行收集,然后进行分析,以确定数据的长期趋势、季节性变化、周期变动或其他结构。在金融领域中,时间序列分析是一种非常重要的技术,用于预测股票价格、交易量、经济指标等。

常用的时间序列模型如下。

(1)自回归模型(Autoregressive Model,AR模型):AR模型基于的理念是,过去的信息可以用来预测未来的值。我们可以使用一个或多个过去的数据点("滞后")来预测下一个时间点的值。例如,AR(1)模型将使用一个滞后,AR(2)模型将使用两个滞后,以此类推。在AR模型中,每个滞后的系数表示当该滞后的值变化一个单位时,当前值预期的变化量。

$$X_t = a_0 + a_1 X_{t-1} + a_2 X_{t-2} + \cdots + e_t$$

其中,X_t 为当前时间点的值,$a_1, a_2, \cdots$ 为各个滞后的系数,a_0 为常数项,e_t 为随机误差项。

(2)移动平均模型(Moving Average Model,MA模型):MA模型并不直接依赖过去的观测值,而是依赖过去的随机误差项。这些误差项被视为影响当前值的随机"冲击"。在MA模型中,每个误差项的系数衡量了这个"冲击"在当前值中的影响程度。

$$X_t = b_0 + e_t + b_1 e_{t-1} + b_2 e_{t-2} + \cdots$$

其中,b_0 为常数项,$e_t, e_{t-1}, e_{t-2}, \cdots$ 为过去的随机误差项,$b_1, b_2, \cdots$ 为各个误差项的系数。

(3)自回归移动平均模型(Autoregressive Moving Average Model,

ARMA模型):ARMA模型是AR模型和MA模型的混合,结合了过去的观测值和过去的随机误差项来预测未来的值。

$$X_t = a_0 + a_1 X_{t-1} + a_2 X_{t-2} + \cdots + b_0 + e_t + b_1 e_{t-1} + b_2 e_{t-2} + \cdots$$

其中,各个符号的含义与AR模型和MA模型相同。

(4)自回归积分移动平均模型(Autoregressive Integrated Moving Average Model,ARIMA模型):ARIMA模型是用于非平稳数据的ARMA模型的扩展。非平稳数据具有变化的均值或方差,而大多数时间序列模型假设数据是平稳的。在ARIMA模型中,非平稳数据首先通过差分转换为平稳数据,然后应用ARMA模型。ARIMA模型的公式与ARMA模型类似,但包含一个额外的差分项。

这些模型都有各自的适用场景和优点,选择使用哪种模型取决于我们的数据特性和预测目标。例如,如果我们的数据具有明显的自相关性(过去的值与未来的值有明显的关系),那么AR模型可能是一个好的选择;如果我们的数据受到随机"冲击"的影响很大,那么MA模型可能更为合适。在实践中,我们也可能会结合使用多种模型,以更好地适应金融时间序列的复杂性。

在Python中,我们可以使用StatsModels库进行时间序列分析。StatsModels库提供了丰富的统计模型,包括时间序列分析的各种模型。

下面我们将以AR模型为例,使用Python进行时间序列分析。

```
from statsmodels.tsa.ar_model import AutoReg
# 下载苹果公司的股票数据
data = yf.download('AAPL', start='2023-01-01', end='2023-07-01')
# 使用收盘价计算收益率
returns = data['Close'].pct_change().dropna()
# 应用自回归模型
model = AutoReg(returns, lags=1)
model_fit = model.fit()
# 输出模型的参数
print('Coefficients: %s' % model_fit.params)
```

```
# 预测下一个值
predictions = model_fit.predict(start=len(returns),
end=len(returns))
print('Predicted Return: %s' % predictions)
```

得到的结果如图 3.10 所示。

```
Coefficients: const       0.003750
Close.L1   -0.041913
dtype: float64
Predicted Return: 123    0.002782
dtype: float64
```

图 3.10　AR 模型的结果

在这个 AR 模型中，我们首先下载了苹果公司的股票数据，然后计算了收盘价的收益率。接着，我们应用了自回归模型，使用了一个滞后期（lags=1），然后训练了模型。最后，我们输出了模型的参数，并预测了下一个时间点的收益率。Close.L1 代表股票价格的一阶滞后值。如图 3.10 所示，模型结果为：

$$X_t = 0.003750 - 0.041913 X_{t-1}$$

常数项 const 的系数为 0.003750，表示在没有其他影响因素（例如，前一天的价格）的情况下，我们预计股票价格的变化率（或者说收益率）为 0.003750 或 0.375%。换句话说，这是基准的、无条件的预期收益率。

Close.L1 的系数为 -0.041913，表示前一天的价格与当天价格变化率的关系。具体而言，如果前一天的价格提高一个单位，我们预计当天的价格变化率将下降 0.041913。注意，这里的关系是负相关，表示前一天的价格越高，预期的当天收益率越低。

最后，Predicted Return 是使用这个 AR 模型和上述系数，根据前一天的股票价格计算出的当天的预期收益率。在这个例子中，第 123 天的预期收益率是 0.002782 或 0.2782%。这个预期收益率已经考虑了前一天的价格和无条件的预期收益率。

3.2 技术分析：指标与策略

技术分析是一种金融市场投资策略，其基本原则是通过对市场数据（如价格和交易量）的统计分析，来预测未来的市场趋势。技术分析包含许多不同的理论和技术，包括图表模式、趋势线、技术指标及交易策略与回测等。

3.2.1 图表模式

图表模式反映了金融市场中反复出现的特定价格结构，它们的形成基于市场行为心理学，并且常常预示着未来可能的价格走势。技术分析师们利用图表模式寻找入场点和出场点，以及设定止损价格和目标价格。常见的图表模式包括头肩顶、双底、三角形和楔形等。

（1）头肩顶（Head and Shoulders Top）模式：这是一个看跌图案，标志着股票价格可能即将下跌。头肩顶模式由三个峰组成，中间的峰（头）比两边的峰（肩）高。这三个峰都位于同一水平线（颈线）上方。一旦价格跌破颈线，模式完成，预示着价格可能会继续下跌。

（2）头肩底（Head and Shoulders Bottom，也称为倒头肩顶）模式：这是一个看涨图案，标志着股票价格可能即将上涨。它与头肩顶模式是对称的，由三个低谷组成，中间的低谷（头）比两边的低谷（肩）低。这三个低谷都位于同一水平线（颈线）下方。一旦价格上穿颈线，模式完成，预示着价格可能会继续上涨。

我们用 Matplotlib 库来绘制这两种模式的示例图。

```
import matplotlib.pyplot as plt
import numpy as np
# 假设的股票价格
prices = np.array([100, 105, 111, 105, 108, 115, 109, 105, 112, 105, 101])
times = np.array(range(len(prices)))
# 绘制价格图
```

```python
plt.figure(figsize=(10, 6))
plt.plot(times, prices, marker='o')
# 绘制颈线
neckline = np.array([105]*len(times))
plt.plot(times, neckline, 'r--')
# 标注头和肩
plt.text(5, 115, 'Head', ha='center')
plt.text(2, 111, 'Left Shoulder', ha='right')
plt.text(8, 112, 'Right Shoulder', ha='left')
# 设置图形标题和轴标签
plt.title('Head and Shoulders Top Pattern')
plt.xlabel('Time')
plt.ylabel('Price')
plt.show()
```

得到的结果如图 3.11 所示。

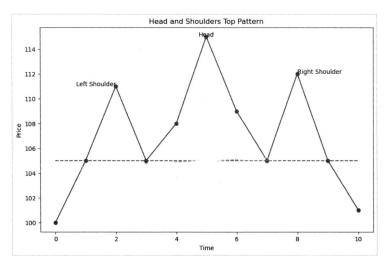

图 3.11　头肩顶模式

上述代码绘制出一个头肩顶模式的示例图，在图 3.11 中，虚线表示颈线，实线表示股票价格。"Head""Left Shoulder"和"Right Shoulder"

的标签分别指示头和肩的位置。

要绘制头肩底模式的示例图，只需将价格数据逆转（例如，使用np.flip(prices)），然后再运行上述代码。

（3）双顶（Double Top）模式：这是一个看跌图案，标志着股票价格可能即将下跌。双顶模式由两个相近的价格峰组成，这两个峰之间的低谷构成颈线。一旦价格跌破颈线，模式完成，预示着价格可能会继续下跌。

（4）双底（Double Bottom）模式：这是一个看涨图案，标志着股票价格可能即将上涨。双底模式由两个相近的价格低谷组成，这两个低谷之间的峰构成颈线。一旦价格上穿颈线，模式完成，预示着价格可能会继续上涨。

我们用Matplotlib库来绘制这两种模式的示例图。

```python
# 假设的股票价格
prices = np.array([110, 150, 130, 150, 110])
times = np.array(range(len(prices)))
# 绘制价格图
plt.figure(figsize=(10, 6))
plt.plot(times, prices, marker='o', linestyle='-')
# 绘制颈线（此处为两个顶之间的最低点）
neckline = np.min(prices[1:4])    # 取第二个点到第四个点的
                                  # 最小值作为颈线
plt.plot([1, 3], [neckline, neckline], 'r--')
# 标注顶点
plt.text(1, 150, 'Top 1', ha='center', va='bottom')
plt.text(3, 150, 'Top 2', ha='center', va='bottom')
plt.text(2, neckline, 'Neckline', ha='center', va='top',
color='red')
# 设置图形标题和轴标签
plt.title('Double Top Pattern')
plt.xlabel('Time')
plt.ylabel('Price')
# 显示图形
plt.show()
```

得到的结果如图3.12所示。

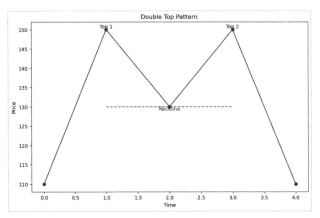

图 3.12 双顶模式

上述代码绘制出一个双顶模式的示例图,在图 3.12 中,虚线表示颈线,实线表示股票价格。"Top 1"和"Top 2"的标签分别指示两个顶点的位置。

同样的,要绘制双底模式的示例图,只需将价格数据逆转(例如,使用 np.flip(prices)),然后再运行上述代码。

(5)三角形(Triangle)模式:它主要有三种类型,即上升三角形、下降三角形和对称三角形。这些模式通常在股票图表上形成一段时间后,预示着即将发生价格突破。在这些模式中,价格一般会向形成模式之前的趋势方向突破。

(6)楔形(Wedge)模式:它在外观上与三角形模式相似,但两者有显著的区别。楔形模式的特征是其两条趋势线汇聚于一点,且这些趋势线倾向于呈斜率,而非平行。楔形模式主要有两种类型,即上升楔形和下降楔形,这两种模式均可能预示着趋势的即将反转。

我们用 Matplotlib 库来绘制这两种模式的示例图。

```
# 假设的股票价格
prices = np.array([120, 110, 115, 105, 110])
times = np.array(range(len(prices)))
# 绘制价格图
plt.figure(figsize=(12, 6))
plt.plot(times, prices, marker='o')
```

```
# 绘制三角形模式的顶线
plt.plot([times[0], times[-1]], [prices[0], prices[-1]], 'r--')
# 修改代码:绘制三角形模式的底线,应该连接最低的两个价格点
plt.plot([times[1], times[3]], [prices[1], prices[3]], 'r--')
# 设置图形标题和轴标签
plt.title('Triangle Pattern')
plt.xlabel('Time')
plt.ylabel('Price')
# 显示图形
plt.show()
```

得到的结果如图 3.13 所示。

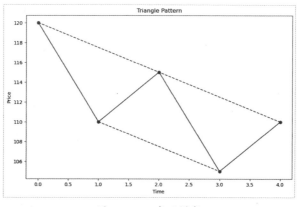

图 3.13　三角形模式

上述代码绘制出一个三角形模式的示例图,在图 3.13 中,虚线表示三角形的顶线和底线,实线表示股票价格。

```
# 假设的股票价格
prices = np.array([100, 120, 105, 116, 108, 113, 110, 112, 110.5])
times = np.array(range(len(prices)))
# 绘制价格图
plt.figure(figsize=(10, 6))
plt.plot(times, prices, marker='o')
# 绘制楔形模式
# 由于楔形模式需要两条边界线逐渐靠近,
```

```
# 我们在这里根据价格点选择适合的线来形成楔形
# 楔形的上边界线
plt.plot([times[0], times[-1]], [prices[0], prices[-1]], 'g--')
# 楔形的下边界线
plt.plot([times[1], times[-2]], [prices[1], prices[-2]], 'g--')
# 设置图形标题和轴标签
plt.title('Wedge Pattern')
plt.xlabel('Time')
plt.ylabel('Price')
# 显示图表
plt.show()
```

得到的结果如图 3.14 所示。

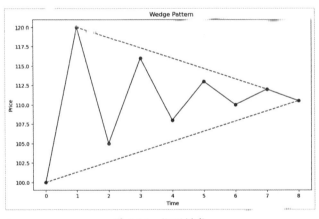

图 3.14　楔形模式

上述代码绘制出一个楔形模式的示例图，在图 3.14 中，数据点以实线相连，显示了价格随时间的变化趋势。两条虚线定义了楔形模式的边界，它们是基于特定的数据点来确定的。此模式表明价格在所选时间段内的波动范围逐渐缩小，暗示价格趋势正在收敛。

3.2.2　趋势线

趋势线是技术分析中的一个基本概念，它代表了价格在一段时间内的移动趋势。一般来说,趋势线可以划分为上升趋势线和下降趋势线。

(1)上升趋势线(Ascending Trend Line):当价格维持上涨趋势时,可以通过连接价格波动底部的连续低点绘制上升趋势线。只要价格继续保持在趋势线之上,上升趋势就持续存在。

(2)下降趋势线(Descending Trend Line):当价格维持下跌趋势时,可以通过连接价格波动顶部的连续高点绘制下降趋势线。只要价格继续保持在趋势线之下,下降趋势就持续存在。

下面的例子演示了如何对一段时间内的股票价格绘制上升趋势线和下降趋势线。

```
# 设定两段价格数据,第一段上升,第二段下降
# 第一段价格数据(上升)
prices_ascending = np.array([100, 110, 105, 115, 110, 120])
times_ascending = np.array(range(len(prices_ascending)))
# 第二段价格数据(下降)
prices_descending = np.array([121, 115, 118, 113, 115, 111])
times_descending = np.array(range(len(prices_ascending),
len(prices_ascending)+len(prices_descending)))
# 合并两段数据
prices = np.concatenate((prices_ascending, prices_descending))
times = np.concatenate((times_ascending, times_descending))
# 绘制价格折线图
plt.figure(figsize=(10, 6))
plt.plot(times, prices, marker='o', linestyle='-')
# 绘制上升趋势线:连接第一段价格上升过程中的低点(第0点和第4点)
plt.plot([times_ascending[0], times_ascending[4]],
[prices_ascending[0], prices_ascending[4]],
'r--', label='Ascending Trend Line')
# 绘制下降趋势线:连接第二段价格下降过程中的高点(第0点和第4点,
# 从第二段数据开始)
plt.plot([times_descending[0], times_descending[4]],
[prices_descending[0], prices_descending[4]], 'b--',
label='Descending Trend Line')
# 设置图形标题和轴标签
```

```
plt.title('Trend Lines')
plt.xlabel('Time')
plt.ylabel('Price')
# 添加图例
plt.legend()
# 显示图形
plt.show()
```

得到的结果如图 3.15 所示。

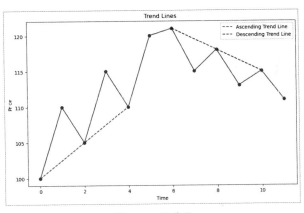

图 3.15　趋势线

趋势线的有效性通常取决于触及趋势线的点的数量：触及趋势线的点越多，趋势线越有效。而当价格突破趋势线时，通常意味着趋势的改变。

在图 3.15 中，左侧虚线连接了初期的连续上升点，形成了上升趋势线，而右侧虚线则从顶点开始，连接了随后的下降点，标示出下降趋势线。需要注意的是，在实际市场分析中，趋势线的绘制需要观察者根据市场趋势的多个点来进行，而且往往需要对趋势发展有深入的理解以确保趋势线正确反映市场的动向。

3.2.3　技术指标

技术分析中常用的技术指标有许多，例如，移动平均线（Moving Average，MA）、相对强弱指数（Relative Strength Index，RSI）、随机震荡指标（Stochastic Oscillator）、移动平均收敛散度（Moving Average Convergence Divergence，MACD）、布林带（Bollinger Bands）等。这些技术指标在金融市场分析中非常有用，它们为交易者和分析师提供了一种量化的方法来解读价格动作和市场趋势。这些指标不仅反映了市场的当前状态，还可以为可能的未来行为提供线索。

首先，这些指标帮助交易者消除个人偏见。金融市场经常受到情绪驱动的交易决策的影响，这可能导致非理性的价格波动。技术指标为交易决策提供了一个客观的、基于数学和统计的视角，帮助交易者避免受到市场噪声和情绪化决策的干扰。

其次，它们允许交易者识别并跟踪市场中的主要趋势和模式。例如，移动平均线可以帮助识别价格的长期和短期趋势，而某些动量指标，如RSI和随机指标，可以显示市场是否处于超买或超卖状态。这些信息使交易者能够在可能的趋势反转或延续之前做出预测。

此外，技术指标还提供了确定入场点和出场点的手段。很多交易策略都基于指定的技术信号，例如，两条移动平均线的交叉点或RSI值超过特定阈值。通过遵循这些信号，交易者可以最大化利润和最小化潜在损失。

这些技术指标在Python中都可以通过pandas_ta库轻松计算出来。首先安装该库。

```
pip install pandas_ta
```

下面我们将使用苹果公司2022年1月1日至2023年7月1日的历史股票数据作为示例，说明如何在Python中计算这些技术指标。

1. 移动平均线

移动平均线（MA）是通过计算一段时间内的价格平均值得出的，可以用来判断价格的趋势，也可以用来识别支撑和阻力水平。当价格突破其移动平均线时，通常被视为一个买入或卖出信号；长期移动平均线与短期移动平均线的交叉，通常也被视为买入或卖出信号。

下面通过Python来计算移动平均线。

```
import pandas as pd
import pandas_ta as ta
```

```python
import yfinance as yf
import matplotlib.pyplot as plt
# 下载数据
data = yf.download('AAPL', start='2022-01-01',
end='2023-07-01')
# 计算 5 日和 20 日移动平均线
data['MA5'] = data['Close'].rolling(window=5).mean()
data['MA20'] = data['Close'].rolling(window=20).mean()
# 绘制图形
plt.figure(figsize=(10, 6))
plt.plot(data['Close'], label='Close Price')
plt.plot(data['MA5'], label='5-day MA')
plt.plot(data['MA20'], label='20-day MA')
plt.title('AAPL Moving Averages')
plt.xlabel('Date')
plt.ylabel('Price')
plt.legend()
plt.show()
```

得到的结果如图 3.16 所示。

图 3.16　5 日和 20 日移动平均线

在图 3.16 中，价格线与移动平均线一起显示，可以更明显地看到价格是如何相对于其移动平均线运动的。当价格线穿过移动平均线时，通常被认为是市场趋势的一个信号。例如，价格线从下方穿过向上的移动平均线，通常被看作上涨趋势的一个信号。

2. 相对强弱指数

相对强弱指数（RSI）是通过比较近期涨跌幅度来衡量股票价格超买超卖状态的技术指标。RSI值一般在0~100范围内，当RSI值大于70时，一般被认为是超买状态，可能有回落的风险；当RSI值小于30时，一般被认为是超卖状态，可能有反弹的机会。

下面通过Python来计算相对强弱指数。

```
# 计算14日RSI
data.ta.rsi(close='Close', length=14, append=True)
# 绘制图形
plt.figure(figsize=(10, 6))
plt.plot(data['RSI_14'], label='14 Day RSI')
plt.title('AAPL 14 Day RSI')
plt.xlabel('Date')
plt.ylabel('RSI')
plt.axhline(30, color='red')     # 超卖线
plt.axhline(70, color='green')   # 超买线
plt.legend()
plt.show()
```

得到的结果如图3.17所示。

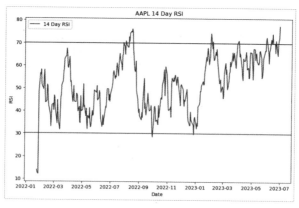

图3.17　14日相对强弱指数

在图 3.17 中，RSI 值以时间序列的方式表示。我们还添加了两条水平线，分别代表 30 和 70 的阈值，用于确定超卖和超买状态。可以看到，当 RSI 超过 70 或低于 30 时，通常伴随着价格的变动，这可能提供了一个交易信号。当然，RSI 只是技术分析中的一个工具，使用时需要结合其他技术指标和市场环境来进行综合判断。

3. 移动平均收敛散度

移动平均收敛散度（MACD）是一种趋势追踪的动量指标，它显示了两条移动平均线之间的关系。MACD 是由两条线（MACD 线和信号线）及一个柱状图（MACD 柱）组成的。MACD 线是 12 日 EMA（指数移动平均）与 26 日 EMA 之间的差，信号线是 MACD 线的 9 日 EMA，MACD 柱是 MACD 线与信号线之间的差。

下面通过 Python 来计算移动平均收敛散度。

```
# 计算 MACD
data.ta.macd(fast=12, slow=26, signal=9, append=True)
# 绘制图形
plt.figure(figsize=(10, 6))
plt.plot(data['MACD_12_26_9'], label='MACD Line')
plt.plot(data['MACDs_12_26_9'], label='Signal Line')
plt.bar(data.index, data['MACDh_12_26_9'],
label='MACD Histogram')
plt.title('AAPL MACD')
plt.xlabel('Date')
plt.ylabel('MACD')
plt.legend()
plt.show()
```

得到的结果如图 3.18 所示。

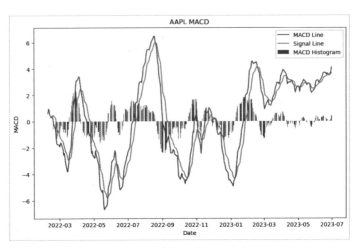

图 3.18　移动平均收敛散度

在图 3.18 中，MACD 线、信号线和 MACD 柱的值以时间序列的方式表示。其中，MACD 线和信号线的交叉点通常被视为交易信号。当 MACD 线从下方穿过信号线时，这可能是一个买入信号。反之，当 MACD 线从上方穿过信号线时，这可能是一个卖出信号。

当然，MACD 只是技术分析中的一个工具，使用时需要结合其他技术指标和市场环境来进行综合判断。

4. 布林带

布林带是由三条线组成的，包括中线（移动平均线）、上线（中线加两倍标准差）和下线（中线减两倍标准差）。布林带的宽度可以反映市场的波动性，当布林带变宽时，说明市场波动性增大，可能有大行情发生；当布林带变窄时，说明市场波动性减小，可能进入盘整期。

下面通过 Python 来计算布林带。

```
# 计算布林带
data.ta.bbands(length=20, append=True)
# 绘制图形
plt.figure(figsize=(10, 6))
plt.plot(data['BBU_20_2.0'], label='Upper Bollinger Band')
```

```
plt.plot(data['BBM_20_2.0'], label='Middle Bollinger Band')
plt.plot(data['BBL_20_2.0'], label='Lower Bollinger Band')
plt.title('AAPL Bollinger Bands')
plt.xlabel('Date')
plt.ylabel('Price')
plt.legend()
plt.show()
```

得到的结果如图 3.19 所示。

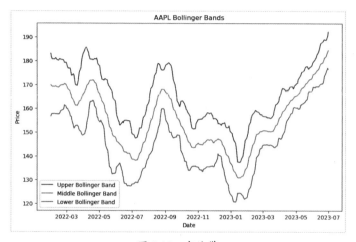

图 3.19 布林带

这段代码计算了 20 日的布林带,并绘制了其图形。如图 3.19 所示,布林带由三条线构成:中线(BBM_20_2.0)、上线(BBU_20_2.0)和下线(BBL_20_2.0)。

(1)中线(BBM_20_2.0):过去 20 个交易日的简单移动平均线。这条线在价格波动中起到平衡点的作用。

(2)上线(BBU_20_2.0):中线加上过去 20 个交易日的两倍标准差。这个标准差定义了价格的波动范围,因此上线代表的是价格可能达到的上限。

(3)下线(BBL_20_2.0):中线减去过去 20 个交易日的两倍标准差。

这个标准差定义了价格的波动范围，因此下线代表的是价格可能达到的下限。

根据布林带的原理，价格通常在上下两条线之间波动。当价格接触或突破上线（BBU）时，通常被视为市场过热，可能会发生价格回落；相反，当价格接触或突破下线（BBL）时，通常被视为市场过冷，可能会发生价格反弹。但这并不是绝对的，有时市场会维持在一定的趋势中，这种情况下，价格可能在布林带的一侧持续行进。

具体到图 3.19 中，我们可以看到，苹果公司的股票价格在上下两条线之间波动，当价格触及上线或下线时，似乎会发生一定的反转，这与布林带的原理相符合。当然，为了做出实际的投资决策，我们还需要结合其他因素和技术指标进行分析。

5. 随机震荡指标

随机震荡指标通常也称为KD指标，由两条线（K线和D线）组成。随机震荡指标主要用来判断市场的超买和超卖状态。

下面通过Python来计算随机震荡指标。

```python
# 计算随机震荡指标
data.ta.stoch(high='High', low='Low', close='Close',
fast_k=14, slow_k=3, slow_d=3, append=True)
# 绘制图形
plt.figure(figsize=(10, 6))
plt.plot(data['STOCHk_14_3_3'], label='%K Line')
plt.plot(data['STOCHd_14_3_3'], label='%D Line')
plt.title('AAPL Stochastic Oscillator')
plt.xlabel('Date')
plt.ylabel('Value')
plt.axhline(20, color='red')    # 超卖线
plt.axhline(80, color='green')  # 超买线
plt.legend()
plt.show()
```

得到的结果如图 3.20 所示。

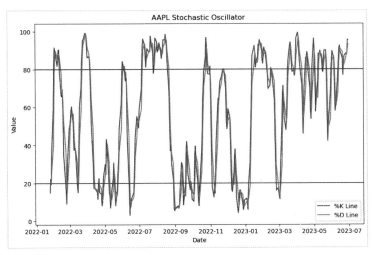

图 3.20 随机震荡指标

在这个示例中,我们首先计算了随机震荡指标,然后如图 3.20 所示,在同一个图上绘制了%K线和%D线。%K线是计算过去 14 天的收盘价相对于过去 14 天的最高价和最低价的位置,而%D线是%K线的 3 日移动平均线。超买线和超卖线分别设定在 80 和 20,当%K线和%D线超过这些线时,通常被视为市场超买或超卖的信号。

3.2.4 交易策略与回测

交易策略与回测是金融分析中至关重要的一环。交易策略是投资者用来决定买卖证券的方法和规则,而回测则是使用历史数据来测试交易策略性能的过程。

一个交易策略通常包括以下几个要素。

(1)选择标的:选择交易策略要交易的资产。这可能包括股票、债券、期货、外汇、期权等。

(2)信号生成:确定买入和卖出的条件。这可能基于基本面分析(如财务报表)、技术分析(如价格、交易量等)、宏观经济因素等。

(3)风险管理:管理和控制交易风险。这包括设置止损点,决定投资的大小(头寸规模)、资产分配等。

回测是一个用历史数据来验证交易策略有效性的过程。我们可以通过回测，得到策略的各种性能指标，如收益率、夏普比率、最大回撤、胜率等。

接下来，我们来看一个简单的交易策略——双均线交叉策略的示例。双均线交叉策略是技术分析中的一种常见策略，主要用于确定资产价格的趋势及可能的买卖点。这种策略主要基于两种类型的移动平均线：短期移动平均线和长期移动平均线。短期移动平均线通常用更少的数据点计算，而长期移动平均线则使用更多的数据点。在双均线交叉策略中，我们主要关注的是两条移动平均线的交叉点。当短期移动平均线从下方突破长期移动平均线时，这是一个可能的买入信号，被称为"黄金交叉"。这通常意味着近期的资产价格走势强于长期的趋势，可能预示着上涨趋势的开始。相反，当短期移动平均线从上方向下穿过长期移动平均线时，这是一个可能的卖出信号，被称为"死亡交叉"。这通常意味着近期的资产价格走势弱于长期的趋势，可能预示着下跌趋势的开始。

在这个示例中，我们使用的是苹果公司的历史数据，短期移动平均线为 20 日，长期移动平均线为 50 日。

```python
import pandas_ta as ta
import yfinance as yf
# 下载苹果公司的历史数据
data = yf.download('AAPL', start='2022-01-01', end='2023-07-01')
# 计算移动平均线
data.ta.sma(close='Close', length=20, append=True)
data.ta.sma(close='Close', length=50, append=True)
# 创建信号
data['Buy_Signal'] = (data['SMA_20']>data['SMA_50']).astype(int)
data['Sell_Signal'] = (data['SMA_20']<data['SMA_50']).astype(int)
```

```
# 计算策略收益
data['Strategy_Return'] = data['Buy_Signal'].diff() *
data['Close'].pct_change()
# 计算累计收益
data['Cumulative_Return'] = (1+data['Strategy_Return']).
cumprod()
# 绘制累计收益
data['Cumulative_Return'].plot(figsize=(10, 6))
plt.title('AAPL Double Moving Average Crossover Strategy')
plt.xlabel('Date')
plt.ylabel('Cumulative Return')
plt.show()
```

在上述代码中,我们下载了苹果公司的历史数据,并计算了20日和50日的简单移动平均线。我们使用差分方法来生成买卖信号:当短期移动平均线从下方突破长期移动平均线时,Buy_Signal会从0变为1,这将会导致策略买入;反之,当短期移动平均线从上方跌破长期移动平均线时,Buy_Signal会从1变为0,这将会导致策略卖出。累计收益是按照策略收益累计计算的。

得到的结果如图3.21所示。

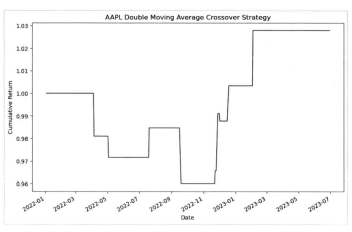

图3.21 双均线交叉策略的累计收益

图 3.21 可以帮助我们理解双均线交叉策略在这个时间段内的表现如何，即使用双均线交叉策略交易苹果公司股票的累计收益。

累计收益是一个指标，反映了在特定时期内，如果按照该策略进行交易，投资者的投资会增长多少。在我们的例子中，Buy_Signal 和 Sell_Signal 分别代表了买入和卖出的信号，这些信号是基于 20 日和 50 日的简单移动平均线生成的。当 20 日的平均价格高于 50 日的平均价格时，我们看到一个买入信号，表示应该买入股票。相反，当 20 日的平均价格低于 50 日的平均价格时，我们看到一个卖出信号，表示应该卖出股票。

然后，我们计算了每日的策略收益，这是基于买卖信号的变化和当日的股票价格变动计算的。例如，如果买卖信号从 0 变为 1，表示我们买入股票，那么当天的策略收益就等于股票价格的百分比变动。

最后，我们计算了累计收益，这是将每日的策略收益累积起来的结果。从图 3.21 中，我们可以看到这个策略在此时间段内的表现。如果累计收益随着时间的推移而增长，这意味着策略是成功的。如果累计收益随着时间的推移而减少，这意味着策略是失败的。

如图 3.21 所示，累计收益约为 1.03，这意味着如果在策略开始时投入了 100 美元，那么到策略结束时将会增长到 103 美元。

3.3 基本面分析：选股策略与价值投资

基本面分析的主要目标是确定一个公司的真实价值，并比较这个价值与当前的市场价格，以决定是否进行投资。它主要使用的工具是财务报表分析，包括资产负债表、利润表、现金流量表等，以及各种财务比率。

在进行基本面分析时，投资者会考虑一系列的财务指标，包括盈利能力、偿债能力、营运能力等。比如，股东权益收益率、净利润增长率、毛利率、流动比率、负债率等。这些指标在 2.5 节中，由 ChatGPT 给出了基本概念。当我们不清楚有哪些选股策略时，可以询问 ChatGPT，先给

ChatGPT设定一个投资顾问的角色。

> 作为我的投资顾问,请告诉我有什么常用的选股策略。

ChatGPT:

选择股票的策略多种多样,取决于你的投资目标、风险承受能力、投资期限等因素。下面是一些常用的选股策略。

(1)价值投资:价值投资者会寻找当前市场价格低于其真实价值的股票。他们通常会关注公司的基本面,包括市盈率(P/E)、市净率(P/B)、股息率等,以此找出被市场低估的公司。

(2)增长投资:增长投资者会寻找那些有迅速增长潜力的公司,无论是收入、利润,还是市场份额。这种策略可能会涉及更高的风险,因为增长公司的股价预期通常已经被市场反映在价格中。

(3)动量投资:动量投资者会追求那些近期表现良好的股票,他们相信这些股票的强劲势头将会持续下去。

(4)质量投资:质量投资者寻找那些运营良好、财务健康、盈利稳定的公司,他们认为这样的公司在经济衰退时表现会更稳定。

(5)股息投资:股息投资者寻找那些分红高且稳定的公司。这种策略适合寻求稳定收入的投资者。

(6)指数投资:对于那些不想进行个股选择的投资者,他们可以选择指数投资,比如,购买追踪大盘指数的指数基金,能够得到市场的平均收益。

每种策略都有其优势和劣势,通常需要根据投资者的具体情况和投资目标来选择。在投资之前,做好充分的研究和规划非常重要。也许你可以考虑找一位财务顾问来帮助你做出最佳决策。

你可以继续询问ChatGPT。

> 展开说一说"价值投资"适用于哪一类投资者,并详细介绍其使用过程。

ChatGPT:

"价值投资"是一种寻找被市场低估的股票的投资策略,其主旨是买入真实价值大于市场价格的股票,等待市场价格向真实价值回归,从而获取收益。

价值投资的主要目标是长期的资本增值,适合有耐心且能承受短期市场波动的投资者。

以下是执行价值投资策略的主要步骤。

(1)基础分析:投资者需要进行基础分析,研究公司的财务报告,了解其运营状况、财务状况、行业地位等信息。投资者也需要关注公司的负债结构、现金流量、盈利能力等关键财务指标。

(2)估值:投资者需要进行估值,确定公司的内在价值。这可以通过多种方法,如净资产价值法、折现现金流量法或相对估值法(比如,使用市盈率、市净率等比率)。这一步的目标是找到市场价格低于其内在价值的股票。

(3)辨识市场误判:有时,市场可能会对某些股票的价值有所误判,这可能是由于短期的负面新闻、市场恐慌,或者对公司未来前景的过于悲观。投资者需要识别这些误判,并在股票价格低于其内在价值时买入。

(4)耐心等待:一旦投资者买入了被低估的股票,他们需要耐心等待市场重新评估该股票的价值,使其价格上升到与其内在价值相符的水平。这可能需要一段时间,甚至几年。

(5)定期审查:尽管价值投资是一种长期策略,但投资者仍需要定期审查他们的投资组合,并根据公司的最新财务状况和市场条件进行调整。

价值投资需要投资者具有对公司财务报告和估值技巧的深入理解,以及耐心等待收益实现的心态。它的优点是可以帮助投资者找到并购买被低估的股票,从而在市场价格上升时获得收益。然而,它也有风险,包括市场可能长期不识别股票的真实价值,或者公司的财务状况可能发生变化,导致其真实价值下降。

如果你不理解其中提到的相对估值法,可以继续询问ChatGPT。

> 请告诉我什么是相对估值法,要非常详细,包含定义和公式等。

⑤ ChatGPT:

相对估值法,也称为比较估值法,是一种基于比较的投资估值方法。这种方法涉及比较一个公司的某些财务指标(如价格、收入、现金流或利润等)与其同行或行业平均水平的比率,以确定该公司是否被高估或低估。

以下是一些常用的相对估值指标。

（1）市盈率（P/E）：股票价格与每股收益（EPS）之间的比率。公式为：P/E = 市场价格 / 每股收益。较低的 P/E 可能表示该公司被低估，但也可能表示该公司的增长前景不佳。

（2）市净率（P/B）：股票价格与每股账面价值之间的比率。公式为：P/B = 市场价格 / 每股账面价值。较低的 P/B 可能表示该公司被低估，但也可能反映公司的风险较高。

（3）市销率（P/S）：公司的市值与其营业收入之间的比率。公式为：P/S = 市值 / 营业收入。较低的 P/S 可能表示该公司被低估，但如果公司的利润率较低，这可能并不表示一个好的投资机会。

（4）股息收益率（Dividend Yield）：公司股息与其股票价格之间的比率。公式为：股息收益率 = 年股息 / 股票价格。较高的股息收益率可能表示该公司股票的收益潜力较大。

这些比率在不同的行业和市场环境中有不同的标准，因此在使用它们进行估值时，投资者需要在同一行业或市场中进行比较。需要注意的是，这些指标都是基于过去的财务数据，未来的表现可能会有所不同。此外，这些指标也不能反映公司的所有风险和机会，因此在做出投资决策时，需要结合其他信息和分析。

同时，我们可以使用 Python 来得到股票的估值数据，可以继续询问 ChatGPT。

> 10 请给我一个 Python 示例，通过相对估值法来对苹果公司进行估值。

⑤ ChatGPT：

为了使用 Python 进行相对估值，我们需要获取公司的财务数据。我们可以从各种在线数据源获取这些数据，如 Yahoo Finance。以下是一个简单的例子，我们将使用 yfinance 库从 Yahoo Finance 获取数据，并计算苹果公司的市盈率（P/E）。

```python
import yfinance as yf

# 获取苹果公司的数据
apple = yf.Ticker("AAPL")

# 计算市盈率
pe_ratio = apple.info['trailingPE']
print("Apple's P/E Ratio: ", pe_ratio)
```

在这个例子中,我们使用了yfinance库的Ticker对象来获取苹果公司的股票数据,然后从该对象的'info'属性中获取了过去一年的市盈率(P/E)。

需要注意的是,这只是一个非常基础的示例,实际的估值可能会涉及对多个公司的比较,以及对多个财务指标的比较,例如,市净率(P/B)、市销率(P/S)等。而且,对于这些比率,我们需要根据行业和市场环境的变化来进行解读。此外,这些指标也不能反映公司的所有风险和机会,因此在做出投资决策时,需要结合其他信息和分析。

注意,以上Python代码依赖yfinance库。在运行前,请确保已安装该库。安装命令为pip install yfinance。

在Python中运行,得到的结果如图3.22所示。

```
Apple's P/E Ratio:  33.24788
```

图 3.22 苹果公司的P/E值

> 运行得到Apple's P/E Ratio: 33.24788,请解释一下这个结果。

ChatGPT:

市盈率(P/E)是股票价格与每股收益(EPS)之间的比率。在这个例子中,苹果公司的市盈率是33.25(四舍五入到小数点后两位)。这意味着投资者目前愿意支付33.25美元来获得苹果公司每一美元的收益。

市盈率是衡量公司估值的重要工具,它可以帮助投资者了解市场对公司的估值情况。较高的市盈率可能表示投资者对公司的未来增长有较高的预期,因此愿意支付更高的价格。相反,较低的市盈率可能表示投资者对公司的增长预期较低，或者认为公司存在较大的风险。

然而，单一的市盈率数字并不能提供完整的信息。我们需要将苹果公司的市盈率与其同行或行业平均市盈率进行比较，以获得更准确的估值视角。例如，如果苹果公司的市盈率低于其同行的平均水平，可能表示苹果公司被低估。反之，如果苹果公司的市盈率高于其同行的平均水平，可能表示苹果公司被高估。

另外，市盈率只是一个粗略的估值工具，它并不能反映公司的所有风险和机会。在做出投资决策时，投资者需要考虑公司的其他财务指标，以及公司的战略、行业环境、宏观经济因素等。

可见，ChatGPT给出的回答是非常谨慎和全面的。需要注意的是，在一开始给予ChatGPT不同的角色，结果可能会大相径庭。即便是在同一角色下，由于大语言模型的特性，其输出结果也不一定相似，只是在概率上，有相对较大的概率得到相同的结果。

在金融市场中，买方是购买资产的一方，而卖方是出售资产的一方。买方和卖方的角色通常根据他们在交易中的目标和行为来定义。

（1）买方：通常是投资者，他们的目标是购买资产并期望资产的价格上涨，以便在未来以更高的价格卖出并获利。买方可能是个人投资者、机构投资者等。

（2）卖方：卖方可以是持有资产并希望出售以获得收益的投资者，也可以是发行资产以筹集资金的公司或政府。卖方可能希望在价格下跌之前出售资产，或者他们可能需要将资产变现以满足其他需求。

这就是金融市场的基本构成和买方与卖方的区别。

在进行金融投资决策时，买方通常会采用技术分析和基本面分析的方法来评估资产的价值并预测其未来的价格走势。

（1）技术分析主要依赖对历史市场数据（如价格和交易量）的统计分析，以识别可能影响未来价格走势的模式和趋势。通过一系列技术指标，买方可以确定入场或出场的时机，试图通过预测价格在短期内的波动来获得投资收益。然而，由于市场价格受到诸多不可预测因素的影响，技术分析并不能完全保证其预测的准确性。

（2）基本面分析则是通过深入研究公司的财务报表、行业趋势、宏观经济数据等，来评估一个公司或一个经济实体的真实价值。这种方法更加关注长期的价值投资，目标是找出市场价格被低估或高估的投资机会，期望在价格最终反映其内在价值的过程中获得收益。

技术分析和基本面分析是补充而非替代的方法。技术分析强调市场行为和价格走势，而基本面分析侧重于公司的内在价值。二者结合使用，可以帮助买方从不同的角度理解市场，制定更全面、更科学的投资策略。然而，无论使用哪种方法，都需要明白所有投资都存在风险，买方需要根据自己的风险承受能力和投资目标，进行合理的风险管理。

3.4 卖方策略：衍生品定价与风险管理

金融市场是一个或多个实体进行金融交易的地方，通常在这些市场中，买家愿意付一定的价格来购买某种资产，卖家则愿意出售这种资产。

金融市场通常分为以下几类。

（1）股票市场：这是投资者买卖股份的地方，可以是公开交易的公司的股份。

（2）债券市场：在这里，投资者可以买卖债券，包括政府债券、市政债券和企业债券。

（3）外汇市场：这是交易全球各种货币的市场，包括美元、欧元、日元等。

（4）商品市场：这是买卖各种实物商品（如金、石油、农产品）或相关衍生产品的市场。

（5）衍生品市场：这是买卖各种衍生产品（如期货、掉期、期权）的市场，它们的价值源于其他基础资产（如股票、债券、商品、指数等）。

（6）金融服务市场：这包括了为金融交易提供服务的各种市场，如银行、保险、投资基金等。

这些市场可能是实体的交易场所，也可能是电子的交易平台。

3.4.1 衍生品概述

衍生品是金融市场上一种特别的金融工具,其价值取决于一个或多个基础资产(如股票、债券、货币、大宗商品等)的表现。衍生品可以用来进行投机或风险管理。下面是一些常见的衍生品类型。

(1)期货(Future)和远期(Forward)合约:期货和远期合约是买卖双方约定在未来某个日期以特定价格买卖某项资产的合约。它们可以用来对冲未来的价格风险或进行投机。期货通常在交易所上市交易,而远期合约则是场外交易,可以根据各方的需求定制。

(2)掉期(Swap):掉期是一种合约,两个交易方同意交换一系列的现金流。常见的掉期包括利率掉期和货币掉期。利率掉期是两方交换固定利率和浮动利率的现金流,而货币掉期是交换两种货币的本金和利息。

(3)期权(Option):期权赋予买方在未来某个日期以特定价格买卖某项资产的权利,而不是义务。购买期权需要支付一个"期权费",期权可以用来进行风险管理或投机。比如,投资者可以通过购买看跌期权来对冲持有的股票下跌的风险。

表 3.1 对比了这些衍生品的主要特性。

表 3.1 不同衍生品的介绍

衍生品类型	上市交易或场外交易	风险级别	基础资产
期货和远期合约	期货上市交易,远期合约场外交易	高	股票、债券、货币、大宗商品等
掉期	场外交易	高	利率、货币、商品等
期权	上市交易和场外交易	中(购买期权)到高(卖出期权)	股票、债券、指数等

衍生品的使用可以帮助投资者、企业和金融机构管理各种金融风险,包括价格风险、信用风险和流动性风险等。然而,衍生品的使用也带来了其他风险,例如,对手方违约风险、市场风险和操作风险等。因此,使用衍生品需要谨慎评估潜在的风险和收益。

这里再通过ChatGPT对期权做一个扩展介绍。

> 🔟 做一个非常详细的期权介绍，要包括购买期权和卖出期权的定义，以及欧式期权和美式期权等不同种类期权的对比。

ChatGPT：

1. 期权简介

期权是一种金融衍生品，属于金融合约的一种。它给予持有者（也称为买方）在未来特定的时间以特定的价格购买（看涨期权）或卖出（看跌期权）某种特定的基础资产的权利，但并不强制他们这样做。基础资产可以包括股票、债券、商品、货币、指数等。

2. 购买期权和卖出期权

（1）购买期权（又称为看涨期权，Call Option）：持有者有权（但无义务）在未来某一特定时间，按照特定价格购买某种基础资产。如果在期权到期时，基础资产的市场价格高于约定的执行价格，持有者可能会选择执行期权，从而以低于市场价格的价格购买该资产。如果市场价格低于执行价格，持有者可以选择放弃执行，其损失则仅限于购买期权时支付的期权费（又称为权利金）。

（2）卖出期权（又称为看跌期权，Put Option）：持有者有权（但无义务）在未来某一特定时间，按照特定价格卖出某种基础资产。如果在期权到期时，基础资产的市场价格低于约定的执行价格，持有者可能会选择执行期权，从而以高于市场价格的价格卖出该资产。如果市场价格高于执行价格，持有者可以选择放弃执行，其损失则仅限于购买期权时支付的期权费。

3. 欧式期权和美式期权

期权还可以根据执行的时间不同，分为欧式期权和美式期权。

（1）欧式期权：只能在期权到期日执行。也就是说，持有者只能在到期日这一天决定是否要执行期权。

（2）美式期权：可以在期权到期日之前的任何一天执行。也就是说，持有者在到期日之前的任何一天都可以决定是否要执行期权。

欧式期权和美式期权最主要的区别在于执行期权的时间。美式期权提供了更大的灵活性，但通常会比同样的欧式期权更昂贵，因为美式期权的买方可以在期权到期前的任何时间执行期权,这增加了期权的价值。

请注意,期权交易涉及较高的风险,适合风险承受能力较强、对金融市场有深入理解的投资者。在进行期权交易前,应寻求专业的投资咨询和建议。

3.4.2 衍生品定价

衍生品的定价需要在众多的因素中找到合理的平衡,包括基础资产的价格、市场波动性、无风险利率、到期时间等。以下是常见的一些衍生品定价模型。

(1)期货和远期合约定价:期货和远期合约的理论价格是基于无套利的原则,即所谓的现货-期货套利。在简单的情况下,不考虑便利收益率(Convenience Yield)或其他成本,期货或远期的价格(F)与现货价格(S)的关系可以表示为:

$$F = Se^{rT}$$

其中,r为无风险利率,T为到期时间。

(2)掉期定价:掉期的价值在起始时通常为零,因为它只是交换现金流而没有初始现金交换。随着时间的推移和市场条件的变化,掉期合约的价值可能会变为正或负。对于固定-浮动利率掉期,定价主要是通过比较固定利率与预期的浮动利率。

(3)期权定价:期权定价最著名的模型是Black-Scholes模型。Black-Scholes模型是基于欧式期权的,它是在没有支付股息的股票上的购买权或卖出权。该模型的公式为:

$$\text{Call} = S_0 N(d_1) - e^{-rT} K N(d_2) \text{ 或 } \text{Put} = -S_0 N(d_1) + e^{-rT} K N(d_2)$$

其中,$N()$为标准正态分布函数,S_0为股票的当前价格,K为期权的行使价格,r为无风险利率,T是期权的到期时间。d_1和d_2是由以下公式给出的。

$$d_1 = \frac{\ln(\frac{S_0}{K}) + (r + \frac{1}{2}\sigma^2)T}{\sigma\sqrt{T}} \text{ 和 } d_2 = d_1 - \sigma\sqrt{T}$$

这只是对衍生品定价的基本概述，实际上还有很多其他的定价模型和技术，包括蒙特卡洛模拟、二叉树模型、有限差分方法等。然而，这些模型都是基于一些理论假设的，例如，市场完全有效、交易没有摩擦、投资者可以无限制地借贷等。

3.4.3　Black-Scholes 模型

Black-Scholes 模型基于以下假设。

（1）欧式期权只能在到期日行权。

（2）没有交易成本和税费。

（3）市场是有效的，不能存在无风险套利。

（4）标的资产的价格服从对数正态分布，即其连续复利收益是随机的，并且服从正态分布。

（5）标的资产的波动率和无风险利率都是已知的，并且在期权的生命周期中保持恒定。

Black-Scholes 模型以偏微分方程（PDE）形式表达，描述了期权价格随着时间和标的资产价格的变化。

$$\frac{\partial V}{\partial t} + \frac{1}{2}\sigma^2 S^2 \frac{\partial^2 V}{\partial S^2} + rS\frac{\partial V}{\partial S} - rV = 0$$

其中，V 为期权的价格，t 为时间，S 为标的资产的价格，σ 为标的资产的波动率，r 为无风险利率。通过解这个偏微分方程，我们可以得到 3.4.2 小节提到的欧式看涨期权和看跌期权的价格公式。

以下是一个 Python 示例，计算欧式看涨期权和看跌期权的价格，使用 Black-Scholes 模型。我们假设标的资产当前价格为 100，行权价格也为 100，无风险利率为 5%，标的资产年化波动率为 20%，期权的到期时间为 1 年。

```
import numpy as np
import scipy.stats as si
def black_scholes(S, K, T, r, sigma, option='call'):
    d1 = (np.log(S/K)+(r+0.5*sigma**2)*T) / (sigma*np.sqrt(T))
```

```
    d2 = (np.log(S/K)+(r-0.5*sigma**2)*T) / (sigma*np.sqrt(T))
    if option == 'call':
        result = (S*si.norm.cdf(d1, 0.0, 1.0)-K*
np.exp(-r*T)*si.norm.cdf(d2, 0.0, 1.0))
    if option == 'put':
        result = (K*np.exp(-r*T)*si.norm.cdf(-d2, 0.0,
1.0)-S*si.norm.cdf(-d1, 0.0, 1.0))
    return result
print("Call Option Price with Black-Scholes Model:",
black_scholes(100, 100, 1, 0.05, 0.2, option='call'))
print("Put Option Price with Black-Scholes Model:",
black_scholes(100, 100, 1, 0.05, 0.2, option='put'))
```

得到的结果如图 3.23 所示。

```
Call Option Price with Black-Scholes Model: 10.450583572185565
Put Option Price with Black-Scholes Model: 5.573526022256971
```

图 3.23 看涨期权和看跌期权通过 Black-Scholes 模型的定价

即看涨期权约为 10.45 美金，看跌期权约为 5.57 美金，Black-Scholes 模型是对期权定价非常重要的理论基础，尽管其假设在实际中并不完全成立，但它仍然是现代金融工程学的一个关键部分。

我们也可以给 ChatGPT 设置条件来得到特定的期权价格，比如：

> 下载 2023 年 7 月 1 日 AAPL 的收盘数据作为标的资产当前的价格，期权的到期时间是 2023 年 8 月 4 日，无风险利率为 5%，通过 2023 年 1 月 1 日到 2023 年 7 月 1 日的数据计算出年化波动率作为标的资产的年化波动率，得到期权的行权价格为 200 美金的看涨期权价格，用 Python 展示给我。

> ChatGPT：
> 为了获取股票数据，我们可以使用 yfinance 库。计算年化波动率的一种常见方法是计算日收益的标准差，然后乘 sqrt(252)（252 是一年中的交易日数的大致数量）。

我们可以使用以下代码。

请注意,这个例子中的无风险利率设为固定的5%,实际上无风险利率是变动的,可以根据需要从适当的来源获取无风险利率。而且,对于实际的期权定价,可能还需要考虑股息,这在上述的Black-Scholes模型中并未考虑。

在Python中运行,得到的结果如图3.24所示。

```
Call Option Price with Black-Scholes Model: 2.794593432592009
```

图 3.24 苹果公司看涨期权通过Black-Scholes模型的定价

根据图3.24所示的结果,通过Black-Scholes模型和我们设置的参数

（7月2日开盘时），如果你现在支付2.79美元购买一个行权价格为200美金、到期时间为2023年8月4日的AAPL看涨期权，在理论上，这个价格使期权的购买者和出售者处于公平的位置，即购买者付出这个价格购买期权，与他预期在未来能从这个期权中获得的利益是相匹配的。同样，对于出售者来说，他出售这个期权并收到这个价格，与他承担的未来可能需要履行期权的风险是相匹配的。

因此，这个价格可以作为期权发行/交易的一种参考。实际上，期权的市场价格通常会在这个理论价格的基础上，加入一些其他的因素，如市场需求、供给情况、市场风险偏好等。

但需要注意的是，Black Scholes模型是在一定假设下得出的，如标的资产价格的波动是随机的且遵循正态分布、市场无摩擦（无交易成本、无税费、无限制短售）、利率和波动率是已知且恒定的等。在实际市场中，这些假设可能并不完全成立，所以实际的期权价格可能会与Black-Scholes模型的价格有所偏差。

3.4.4 Put-Call Parity 的基本期权理论

看涨期权和看跌期权之间的关系被称为"看涨-看跌平价关系"（Put-Call Parity）。对于相同的标的资产、行权价格和到期日期的欧式看涨期权和看跌期权而言，它是一种在没有套利机会的情况下建立的理论关系。

这个关系可以通过以下公式表示。

$$C - P = S - e^{-rT}K$$

其中，C为欧式看涨期权的当前市场价格，P为欧式看跌期权的当前市场价格，S为标的资产的当前市场价格，$e^{-rT}K$为行权价格以无风险利率折现到今天的价格。换言之，持有一个看涨期权和行权价格的现值等于持有一个看跌期权和标的资产本身。

这个公式的推导基于无套利原则。如果上述等式不成立，投资者可以通过买入便宜的组合并卖出昂贵的组合来无风险地获利，直到价格调整为等式平衡。

在实际应用中,看涨-看跌平价关系常常被用来验证市场价格是否合理,或者计算市场上缺失的合约价格。如果市场价格违反了看涨-看跌平价关系,则可能存在套利机会。然而,由于交易成本、税收和其他市场摩擦力的存在,实际市场价格可能与理论价格有所偏差。

3.4.5　风险管理——Greeks

在衍生品交易中,对风险的管理是非常关键的。为了更好地理解和量化这些风险,交易员通常会使用一组被称为"希腊字母"(Greeks)的度量。这些度量用于描述不同变量(如标的资产价格、波动率、时间)对期权价格的影响。

> 期权交易中的Greeks是什么?

ChatGPT:

期权交易中的Greeks是一组用于衡量期权价格对不同因素变化的敏感性的指标。每一个Greek都对应一个特定的风险维度。以下是最常见的5个Greeks。

(1)Delta(Δ):衡量期权价格对股票或其他基础资产价格变动的敏感性。例如,一个Delta为0.5的看涨期权意味着,当基础资产价格上涨1美元时,期权的价值可能上涨0.5美元。

(2)Gamma(Γ):衡量Delta对股票或其他基础资产价格变动的敏感性,或者说是Delta的变化率。简单地说,它是Delta的导数。它告诉你期权的Delta如何随着基础资产价格的变动而变化。

(3)Theta(Θ):衡量期权价格对时间的敏感性。通常,Theta是负数,表示期权随着时间的推移而损失的价值,这也被称为"时间价值"。例如,一个Theta为-0.05的期权意味着期权每天可能损失0.05美元的价值,其他条件保持不变。

(4)Vega(ν):衡量期权价格对隐含波动率变动的敏感性。隐含波动率是市场对基础资产未来波动的预期。Vega告诉你,当隐含波动率变动1个百分点时,期权的价值会变动多少。

> (5)Rho(ρ):衡量期权价格对无风险利率变动的敏感性。例如,一个Rho为0.05的期权意味着,当无风险利率上涨1个百分点时,期权的价值可能上涨0.05美元。
>
> 理解这些Greeks对于期权交易者至关重要,因为它们可以帮助交易者更好地了解并管理与期权交易相关的风险。

(1)Delta(Δ)的公式如下。

对于看涨期权:

$$\Delta = N(d_1)$$

对于看跌期权:

$$\Delta = N(d_1) - 1$$

(2)Gamma(Γ)的公式如下。

$$\Gamma = \frac{N'(d_1)}{S\sigma\sqrt{T}}$$

其中,N'为正态分布的概率密度函数。

(3)Theta(Θ)的公式如下。

对于看涨期权:

$$\Theta = -\frac{SN'(d_1)\sigma}{2\sqrt{T}} + re^{-rT}KN(d_2)$$

对于看跌期权:

$$\Theta = -\frac{SN'(d_1)\sigma}{2\sqrt{T}} - re^{-rT}KN(d_2)$$

(4)Vega(ν)的公式如下。

$$\nu = S\sqrt{T}N'(d_1)$$

(5)Rho(ρ)的公式如下。

对于看涨期权:

$$\rho = Te^{-rT}KN(d_2)$$

对于看跌期权:

$$\rho = -Te^{-rT}KN(-d_2)$$

下面使用Python来计算这些Greeks。我们将继续使用Black-Scholes模型,并使用同样的参数。

```python
# 导入相关库
import numpy as np
from scipy.stats import norm
# 定义 Black-Scholes Greeks 计算函数
def black_scholes_greeks(S, X, T, r, sigma, option='call'):
    d1 = (np.log(S/X)+(r+0.5*sigma**2)*T) / (sigma*np.sqrt(T))
    d2 = d1 - sigma * np.sqrt(T)
    if option == 'call':
        delta = norm.cdf(d1)
        gamma = norm.pdf(d1) / (S*sigma*np.sqrt(T))
        theta = -(S*norm.pdf(d1)*sigma/(2*np.sqrt(T))) - r * X * np.exp(-r*T) * norm.cdf(d2)
        vega = S * norm.pdf(d1) * np.sqrt(T)
        rho = T * X * np.exp(-r*T) * norm.cdf(d2)
    elif option == 'put':
        delta = norm.cdf(d1) - 1
        gamma = norm.pdf(d1) / (S*sigma*np.sqrt(T))
        theta = -(S*norm.pdf(d1)*sigma/(2*np.sqrt(T))) + r * X * np.exp(-r*T) * norm.cdf(-d2)
        vega = S * norm.pdf(d1) * np.sqrt(T)
        rho = -T * X * np.exp(-r*T) * norm.cdf(-d2)
    return delta, gamma, theta, vega, rho
# 参数
S = 210          # 标的资产当前价格
X = 200          # 行权价格
T = 1/12         # 到期时间
r = 0.05         # 无风险利率
sigma = 0.25     # 标的资产年化波动率
# 计算 Greeks
delta, gamma, theta, vega, rho = black_scholes_greeks(S, X, T, r, sigma, option='call')
print(f"Delta: {delta}, Gamma: {gamma}, Theta: {theta}, Vega: {vega}, Rho: {rho}")
```

执行上述代码后,得到的结果如图 3.25 所示。

```
Delta: 0.779313204372002, Gamma: 0.01957205051678267, Theta: -34.514440469346155, Vega: 17.981821412294074, Rho: 12.569513918175065
```

图 3.25 Greeks 结果

这些值都是基于当前的股票价格、期权的行权价格、到期时间、无风险利率和标的资产年化波动率来计算的。接下来，我们逐个解释这些结果的含义。

（1）Delta：0.779313204372002，这表示如果股票价格变动 1 美元，期权的价格将变动约 0.7793 美元。因此，如果 AAPL 股票价格上升 1 美元，我们可以期待期权价格大约上升 0.7793 美元。

（2）Gamma：0.01957205051678267，这表示如果股票价格变动 1 美元，Delta 将变动约 0.0196。也就是说，如果 AAPL 股票价格上升 1 美元，Delta 将大约增加 0.0196，新的 Delta 将变为 0.7793 + 0.0196 = 0.7989。

（3）Theta：-34.514440469346155，这表示每过一天（未考虑周末和假日），期权的价格将下降约 34.5144 × 1/252（0.1370）美元。这种现象也被称为"时间价值的衰减"。

（4）Vega：17.981821412294074，这表示如果标的资产年化波动率变动 1%，期权的价格将变动约 17.9818 × 1% 美元。因此，如果 AAPL 的波动率上升 1%，我们可以期待期权价格大约上升 0.1798 美元。

（5）Rho：12.569513918175065，这表示如果无风险利率变动 1%，期权的价格将变动约 12.5695 × 1% 美元。因此，如果无风险利率上升 1%，我们可以期待期权价格大约上升 0.1257 美元。

这些都是对各个 Greeks 的理论解释，并不一定在实际市场中完全成立，因为实际市场还受到其他因素（如市场情绪、交易量等）的影响。

接下来，我们可以询问 ChatGPT 来得到某个 Greeks 的图形。

> 以下载 2023 年 7 月 1 日 AAPL 的收盘数据作为标的资产当前的价格，期权的到期时间是 2023 年 8 月 4 日，无风险利率为 5%，通过 2023 年 1 月 1 日到 2023 年 7 月 1 日的数据计算出年化波动率作为标的资产的年化波动率，做一个价格从 150 美金到 250 美金波动的 Delta 图形（看涨和看跌的都需要），用 Python 实现。

ChatGPT：

对于你的请求，我建议使用以下代码来生成图形。这里我们将创建一个函数，用于计算看涨和看跌期权的 Delta，并且画出价格从 150 美元到 250 美元波动的 Delta 图形。

这个代码将下载指定日期的 AAPL 数据并使用这些数据来计算 Delta，并绘制了价格在 150 美元到 250 美元变动的看涨和看跌期权的 Delta 图形。请注意，这是基于 Black-Scholes 模型的 Delta，实际的 Delta 可能会因为其他因素（如隐含波动率的变动、分红等）有所不同。

```python
import numpy as np
import matplotlib.pyplot as plt
from scipy.stats import norm

# Black-Scholes Delta 函数
def bs_delta(S, K, T, r, sigma, option = 'call'):
    d1 = (np.log(S / K) + (r + 0.5 * sigma ** 2) * T) / (sigma * np.sqrt(T))
    if option == 'call':
        result = norm.cdf(d1)
    if option == 'put':
        result = -norm.cdf(-d1)
    return result

# 参数
r = 0.05
S = np.linspace(150, 250, 100)
T = (pd.to_datetime('2023-08-04') - pd.to_datetime('2023-07-01')).days / 365
sigma = np.std(df['Close'].pct_change()) * np.sqrt(252)

# 计算看涨和看跌期权的 Delta
delta_call = bs_delta(S, df['Close'][-1], T, r, sigma, option = 'call')
delta_put = bs_delta(S, df['Close'][-1], T, r, sigma, option = 'put')

# 画图
plt.figure(figsize=(10,7))
plt.plot(S, delta_call, label='Call Option Delta')
plt.plot(S, delta_put, label='Put Option Delta')
plt.xlabel('Underlying Asset Price')
plt.ylabel('Delta')
plt.title('Delta of European Options')
plt.legend()
plt.show()
```

在 Python 中运行，得到的结果如图 3.26 所示。

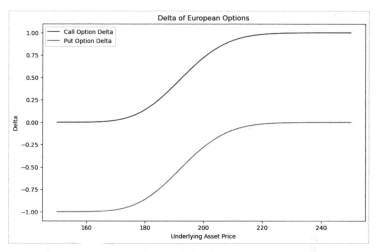

图 3.26　看涨和看跌期权的 Delta 图形

对于看涨期权，Delta 的取值范围为 0（表示标的资产价格变动对期权价格无影响）到 1（表示标的资产价格每变动一个单位，期权价格变动一个单位）。在图 3.26 中，我们可以看到 Delta 为一个关于标的资产价格的增函数。随着标的资产价格的上升，Delta 逐渐接近 1，表示看涨期权价格对标的资产价格变得越来越敏感。

对于看跌期权，Delta 的取值范围为 -1（表示标的资产价格每增加一个单位，期权价格降低一个单位）到 0（表示标的资产价格变动对期权价格无影响）。在图 3.26 中，我们可以看到 Delta 为一个关于标的资产价格的减函数。随着标的资产价格的上升，Delta 逐渐接近 0，表示看跌期权价格对标的资产价格变得越来越不敏感。

在某些情况下，一个看涨期权的 Delta 减去一个看跌期权的 Delta，都是有相同行权价格和到期日的期权，将会得到 1。这其实是一个很重要的恒等式，即

$$\Delta_{call} - \Delta_{put} = 1$$

这个恒等式来源于 3.4.4 小节中 Put-Call Parity 的基本期权理论，这个理论描述了看涨期权价格、看跌期权价格、行权价格和无风险利率之间的关系。

所以，当你计算看涨期权的Delta减去看跌期权的Delta，你应该得到1（或非常接近1的值，取决于计算精度）。这是一个验证你的Delta计算是否准确的好办法。

通过这一小节，我们了解了衍生品的重要性，尤其是期权在风险管理中的作用，以及如何用定价模型和希腊字母来评估和管理风险。这为我们在实际交易和投资中做出更好的决策提供了工具和知识。同时，对于衍生品卖方而言，提供了一套完整的理论框架和工具，以便于他们在实际操作中更好地进行衍生品的定价和风险管理。

3.5 机器学习与金融：回归模型、分类器等

机器学习是计算机科学的一个分支，主要是让计算机学习从数据中提取出的模式，并使用这些模式对新数据进行预测或决策，而无须明确地进行编程。机器学习在金融领域中发挥了重要作用，从信用评分、欺诈检测，到市场趋势预测、期权定价等。特别是分类器和回归模型在预测和风险管理中的应用更为广泛。本节将详细讨论分类器、回归模型和支持向量机的应用。

3.5.1 机器学习概述

机器学习的方法大致可以分为两类：监督学习和非监督学习。

（1）监督学习（Supervised Learning）：是利用一组已知的输入-输出对（也称为样本）来训练模型，让模型学习到输入与输出之间的映射关系。一旦模型训练完成，就可以用它对新的输入数据进行预测。常见的监督学习算法包括回归（如线性回归、逻辑回归）、分类（如决策树、支持向量机、神经网络）等。

（2）非监督学习（Unsupervised Learning）：是在没有输出（也就是标签）的情况下，让模型自己找出数据的内在规律和结构。常见的非监督学习算法包括聚类（如K-means、谱聚类）、降维（如主成分分析PCA、t-SNE）、关联规则（如Apriori、FP-Growth）等。

在金融领域中，大多数任务都具有明确的预测目标。例如，我们可能需要根据历史股票价格预测未来的股票价格，或者根据客户的信用历史预测他们是否会违约。这些问题的核心都在于：我们拥有一系列的输入数据（如历史股票价格或客户的信用历史），并且我们也有对应的输出数据（如未来的股票价格或客户是否违约的信息）。我们的任务是让机器学习模型理解输入和输出之间的关系，并尽可能准确地预测新的输入数据的输出。

监督学习算法正是针对这种任务设计的。在监督学习中，我们使用已知的输入-输出对（也称为样本）来训练模型。模型的目标是最小化预测输出和实际输出之间的差距，这通常通过优化一个损失函数来实现。一旦模型被训练出来，就可以用它来预测新的、未知的输入数据的输出。

这种学习模式与我们解决金融预测问题的需求是一致的：我们希望模型能从已有的数据中学习到输入和输出之间的关系，然后用这种学到的关系去预测未来的趋势。这就是为什么监督学习在金融领域中得到了广泛的应用。

3.5.2 回归模型

回归分析是统计学中的一个重要工具，它的目的是建立两个（或更多）变量之间的关系模型，具体而言，回归分析试图解释一个变量（依赖变量）与其他变量（自变量）之间的关系。下面我们将介绍几种常用的回归模型，并使用Python来实现这些模型并对比计算结果。

1. 线性回归

线性回归（Linear Regression）是最基本也是最常用的回归模型之一。线性回归试图建立一个线性函数来描述自变量和因变量之间的关系。如果只有一个自变量，那么这就是简单线性回归；如果有多个自变量，那么这就是多元线性回归。线性回归的数学表达式为：

$$Y = \beta_0 + \beta_1 X_1 + \beta_2 X_2 + \cdots + \beta_n X_n + \varepsilon$$

其中，Y为因变量，X_1到X_n为自变量，β_0到β_n为回归系数，ε为误

差项。

这种方法有许多优点,包括理解和实现都相对简单,而且对于许多问题,线性回归已经足够好了。但是,线性回归假设因变量和自变量之间的关系是线性的,这在许多实际问题中可能并不成立。

2. 岭回归

岭回归(Ridge Regression)是一种改良的线性回归方法,它通过引入L2正则化项来防止过拟合。岭回归的优点是可以处理多重共线性问题(自变量之间存在高度相关性)。岭回归的数学表达式为:

$$\min \|Y - X\beta\|^2 + \alpha \|\beta\|^2$$

其中,$\|\cdot\|$表示欧氏范数,α为正则化参数。

3. Lasso 回归

Lasso回归是另一种改良的线性回归方法,它通过引入L1正则化项来实现对模型的复杂性进行惩罚。与岭回归不同,Lasso回归可以实现特征选择,即它会使一些系数变为0,从而简化模型。Lasso回归的数学表达式为:

$$\min \|Y - X\beta\|^2 + \alpha \|\beta\|_1$$

其中,$\|\cdot\|_1$表示L1范数,α为正则化参数。

4. 多项式回归

当因变量和自变量之间的关系不是线性的,而是多项式的形式时,我们可以使用多项式回归(Polynomial Regression)。多项式回归实际上是线性回归的一种特殊形式,它通过对自变量进行非线性变换,使模型可以拟合更复杂的数据。多项式回归的数学表达式为:

$$Y = \beta_0 + \beta_1 X + \beta_2 X^2 + \cdots + \beta_n X^n + \varepsilon$$

其中,X^2到X^n表示自变量的高次项。

5. 支持向量回归

支持向量回归(Support Vector Regression,SVR)是支持向量机(Support Vector Machine,SVM)在回归问题上的应用。与SVM试图找到

一个最大间隔超平面不同，SVR试图找到一个可以在预定的误差范围内尽可能拟合所有数据点的函数。SVR对于非线性问题和高维问题都有较好的处理能力。

6. 决策树回归

决策树回归（Decision Tree Regression）是决策树算法在回归问题上的应用。它通过构建一个决策树模型来预测因变量。决策树模型是一种非参数的模型，对数据的分布没有假设，因此可以处理各种类型的数据，包括分类数据和数值数据。

7. 随机森林回归

随机森林回归（Random Forest Regression）是随机森林算法在回归问题上的应用。它是一种集成方法，通过集成多个决策树模型来提高预测性能。随机森林模型对于各种类型的数据都有很好的处理能力，而且由于它的集成性质，通常可以取得比单个决策树更好的预测效果。

8. 梯度提升决策树回归

梯度提升决策树回归（Gradient Boosting Decision Tree Regression，GBDTR）是梯度提升算法在回归问题上的应用。它是一种集成方法，通过集成多个决策树模型，并用梯度提升算法来优化模型的预测性能。GBDTR是一种非常强大的回归方法，尤其在各种机器学习竞赛中，常常可以取得优异的成绩。

我们仍旧使用苹果公司2022年1月1日至2023年7月1日的历史股票数据作为样本，通过Python来对比线性回归、岭回归、Lasso回归、支持向量回归、决策树回归、随机森林回归和梯度提升决策树回归的预测结果。

首先，我们来安装Scikit-learn库。Scikit-learn（通常简称为sklearn）是一个开源的基于Python的机器学习库，为用户提供了简单而高效的工具，支持各种分类、回归和聚类算法。它与Python的其他主要数据科学库（如NumPy、SciPy和Pandas）紧密集成，确保了数据处理和分析的流畅性。其简洁的API、强大的预处理功能及丰富的算法库使其在数据科学和 AI 领域中受到广大用户的青睐。

我们首先来安装这个库。

```
pip install scikit-learn
```

然后运行下列代码。

```
import numpy as np
import pandas as pd
import matplotlib.pyplot as plt
from sklearn.linear_model import LinearRegression, Ridge, Lasso
from sklearn.svm import SVR
from sklearn.tree import DecisionTreeRegressor
from sklearn.ensemble import RandomForestRegressor, GradientBoostingRegressor
from sklearn.metrics import mean_squared_error
from sklearn.model_selection import train_test_split
import yfinance as yf
# 下载数据
df = yf.download('AAPL', start='2022-01-01', end='2023-07-01')
# 提取特征和目标变量
X = df.iloc[:, :-1]
Y = df.iloc[:, -1]
# 划分训练集和测试集
X_train, X_test, Y_train, Y_test = train_test_split(X, Y, test_size=0.2, random_state=42)
# 创建模型列表
models = [
    ('Linear Regression', LinearRegression()),
    ('Ridge Regression', Ridge()),
    ('Lasso Regression', Lasso()),
    ('Support Vector Regression', SVR()),
    ('Decision Tree Regression', DecisionTreeRegressor()),
```

```
    ('Random Forest Regression', RandomForestRegressor()),
    ('Gradient Boosting Decision Tree Regression',
GradientBoostingRegressor())
]
# 初始化结果列表
results = []
# 对每个模型进行训练和预测
for name, model in models:
    model.fit(X_train, Y_train)
    Y_pred = model.predict(X_test)
    mse = mean_squared_error(Y_test, Y_pred)
    results.append((name, mse))
# 按照MSE排序
results.sort(key=lambda x: x[1])
# 输出结果
for name, mse in results:
    print(f'{name}: {mse}')
# 绘制条形图
plt.figure(figsize=(10, 6))
plt.bar(*zip(*results))
plt.xlabel('Model')
plt.ylabel('Mean Squared Error')
plt.title('Comparison of Regression Models')
plt.xticks(rotation=90)
plt.show()
```

得到的结果如图 3.27 所示。

图 3.27 涉及了 7 种不同的回归模型对苹果公司股票价格的预测。为了量化这些模型的预测精度，我们使用了均方误差（Mean Squared Error，MSE）这一指标。均方误差

```
Linear Regression: 326921512664990.94
Ridge Regression: 327024464239634.75
Lasso Regression: 341689009864006.8
Random Forest Regression: 450307416833104.94
Gradient Boosting Decision Tree Regression: 506413038931567.7
Support Vector Regression: 587290289641146.9
Decision Tree Regression: 786689456712266.6
```

图 3.27 不同回归模型的 MSE 数值

考虑了预测值与真实值之间的每一个偏差,并对其进行了平方处理,从而强调了较大误差的重要性。理论上,MSE 值越小,代表模型预测的精度越高,偏差越小。

在对比这 7 种模型后,线性回归模型的预测结果显示了最小的均方误差,这意味着它在当前的数据集和特征选择下为苹果公司股票价格提供了最为准确的预测。值得注意的是,尽管线性回归在这次比较中胜出,但不同的数据特性、特征工程或数据预处理策略可能会导致其他模型在不同场景下表现更佳。

相反,决策树回归的均方误差最大,这意味着在我们的数据和评估准则下,该模型对苹果公司股票价格的预测表现最为不佳。决策树可能由于其天然的过拟合倾向或是对这类连续值预测的局限性而导致其性能不如其他模型。因此,选择和评估模型应当是一个迭代和综合考虑的过程。

同时,我们也可以得到图像结果(图 3.28),以进行一个更直观的对比。

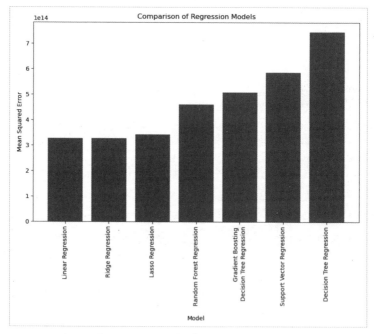

图 3.28　不同回归模型的 MSE 直方图

图 3.28 揭示了一个深刻的观察：即使面对相同的数据和问题设定，不同的回归模型可能会表现出截然不同的预测效果。这种差异可能源于每种模型背后的数学原理、假设和参数设置。有些模型可能更适合捕捉线性关系，而其他模型则更擅长捕捉非线性或更为复杂的数据模式。因此，仅仅依赖某一个默认的或熟悉的模型并不总是一个好策略。在实际的机器学习或数据科学项目中，常常需要尝试和验证多种模型，以确保我们没有错过可能更适合问题的其他方法。此外，通过对比不同模型的表现，我们不仅可以选择出最优的模型，还能更好地理解数据的内在结构和特点。

3.5.3 分类器

在金融领域中，分类器常常被用于预测金融事件的发生，例如，预测是否会发生违约、破产、欺诈等。下面我们将介绍几种常用的分类器。

1. 逻辑回归

逻辑回归（Logistic Regression）是一种广义的线性回归分析模型，用于二分类问题。其模型可以表示为：

$$Y = \text{Sigmoid}(wX + b)$$

其中，Sigmoid 函数定义为：

$$\text{Sigmoid}(z) = \frac{1}{1 + e^{-z}}$$

逻辑回归将线性回归的结果输入 Sigmoid 函数，得到一个介于 0 到 1 的概率值，作为样本为正类的概率。逻辑回归通常用交叉熵损失函数进行优化。

2. 决策树

决策树（Decision Trees）是一种树形模型，每个内部节点代表一个属性上的判断，每个分支代表一个判断结果，最后的叶节点代表决策结果。决策树通过一系列规则进行决策，理解和解释起来非常直观。决策树可以处理非线性关系和交互效应，对缺失值和异常值不敏感。

3. 随机森林

随机森林（Random Forests）是一种基于决策树的集成学习模型。它通过生成大量的决策树，然后将这些决策树的预测结果进行投票或平均，从而得到最终的预测结果。随机森林能够处理大量的特征，并且不容易过拟合。

4. 梯度提升机

梯度提升机（Gradient Boosting Machine，GBM）是另一种基于决策树的集成学习模型。GBM通过逐步添加新的决策树，每一步都对上一步的预测结果进行修正，使预测误差逐渐减小。GBM对于各种类型的数据和复杂的问题都有很好的预测性能。

5. 支持向量机

支持向量机（SVM）是一种基于间隔最大化的分类模型。在二分类问题中，SVM试图找到一个超平面，使两个类别的样本到这个超平面的距离最大。SVM能够处理线性和非线性问题，通过使用核函数，可以将样本映射到高维空间，处理复杂的非线性关系。

接下来，我们继续用Python的Scikit-learn库来实现这些分类器，并对比它们的表现。在这个示例中，我们仍使用苹果公司的股票数据，时间范围是2022年1月1日到2023年7月1日。我们将每日的股价收益率计算出来，并将收益率作为输入特征，创建一个二元分类问题。每日的收益率大于0的我们定义为"正向收益日"（标签为1），收益率小于或等于0的我们定义为"非正向收益日"（标签为0）。我们的目标就是通过机器学习模型预测股票的收益率趋势是正向还是非正向。

```
from sklearn.model_selection import train_test_split
from sklearn.linear_model import LogisticRegression
from sklearn.tree import DecisionTreeClassifier
from sklearn.ensemble import RandomForestClassifier, GradientBoostingClassifier
from sklearn.svm import SVC
```

```python
from sklearn.metrics import accuracy_score
from sklearn.preprocessing import StandardScaler
# 下载苹果公司的股票数据
data = yf.download('AAPL', start='2022-01-01',
end='2023-07-01')
# 计算每日收益率
returns_daily = data['Close'].pct_change()

# 删除 NaN 值
returns_daily = returns_daily.dropna()
# 标签化收益率：大于 0 的日子为"正向收益日"（标签为 1），
# 小于或等于 0 的日子为"非正向收益日"（标签为 0）
labels = np.where(returns_daily>0, 1, 0)
# 划分训练集和测试集
X_train, X_test, y_train, y_test = train_test_
split(returns_daily.values.reshape(-1, 1), labels,
test_size=0.2, random_state=42)
# 数据标准化
scaler = StandardScaler()
X_train = scaler.fit_transform(X_train)
X_test = scaler.transform(X_test)
# 初始化模型
models = [
    LogisticRegression(),
    DecisionTreeClassifier(),
    RandomForestClassifier(),
    GradientBoostingClassifier(),
    SVC()
]
# 训练并评估模型
for model in models:
    model.fit(X_train, y_train)
    y_pred = model.predict(X_test)
    print(f"{model.__class__.__name__} accuracy:
```

```
{accuracy_score(y_test, y_pred)}")
```

这段代码首先下载了苹果公司的历史股票数据，并计算了每日的收益率。然后将每日收益率大于 0 的定义为正向收益日（标记为 1），收益率小于或等于 0 的定义为非正向收益日（标记为 0）。之后使用 Scikit-learn 库的 train_test_split 方法将数据集分为训练集和测试集。最后创建了一个标准化器 StandardScaler 并用它对我们的训练数据进行了标准化。这个步骤对于许多机器学习模型来说是必要的，因为它可以确保所有特征都在同一尺度上，这对于许多机器学习算法来说是非常重要的。

得到的结果如图 3.29 所示。

```
LogisticRegression accuracy: 0.9866666666666667
DecisionTreeClassifier accuracy: 1.0
RandomForestClassifier accuracy: 1.0
GradientBoostingClassifier accuracy: 1.0
SVC accuracy: 0.9733333333333334
```

图 3.29　不同分类器的准确率

图 3.29 展示了 5 种不同的分类模型在预测苹果公司股票收益率正负趋势上的表现。准确率（Accuracy）是一种评估分类模型性能的指标，值越高，代表模型的预测能力越强。逻辑回归模型在这个预测任务中的准确率约为 0.9867，意味着 98.67% 的时间这个模型能正确预测出股票的收益率是正向还是非正向。决策树模型在这个预测任务中的准确率为 1.0，意味着这个模型在所有的预测中都正确。随机森林模型在这个预测任务中的准确率同样为 1.0，表现出极高的预测能力。梯度提升机模型在这个预测任务中的准确率也为 1.0，这是一种组合模型，其强大的预测能力体现在这个任务中。支持向量机模型在这个预测任务中的准确率约为 0.9733，意味着 97.33% 的时间这个模型能正确预测出股票的收益率是正向还是非正向。

需要注意的是，虽然有几个模型的准确率达到了 1.0，表面上看起来这些模型的预测能力非常强，但在实际应用中，我们需要谨慎对待这种"完美"的结果。这可能是由于我们的测试数据集太小，或者数据过于简单，使模型能够非常容易地做出正确的预测。在更复杂、更不确定的真实情况下，这些模型可能不会表现得如此出色。

3.5.4 机器学习在金融领域中的挑战

虽然机器学习在许多领域中都取得了显著的成功，但在金融领域中，它面临着一些独特的挑战，具体如下。

（1）数据复杂性：由于金融数据的复杂性和高维度，导致机器学习模型的训练变得复杂。这些数据受到许多微观和宏观因素的影响，这些因素往往难以量化或获取。如果没有足够的信息，模型可能会陷入过拟合或无法获得良好的预测效果。

（2）分布漂移：金融数据的分布可能随着时间的推移而发生变化，这种现象称为分布漂移。这对于机器学习模型来说是一个重大挑战，因为大多数模型都假设数据是平稳的。非平稳性可能导致模型的预测性能在时间推移中产生大幅度波动。

（3）高噪声和非线性特性：金融数据往往具有高噪声和非线性的特性，这增加了模型学习的难度。此外，金融市场的数据也常常充满了异常值和噪声。这些异常值可能是由于市场波动、数据输入错误或其他未知因素造成的。如果这些异常值和噪声没有得到适当的处理，可能会对机器学习模型的预测性能产生负面影响。

（4）模型解释性：金融领域对模型的解释性有很高的要求。机器学习模型，特别是深度学习模型，往往被认为是"黑箱"，其预测决策的过程难以理解。这在一些需要审核和遵守监管规定的金融应用中可能成为一个问题。

因此，虽然机器学习为金融领域提供了强大的工具，但我们也需要充分理解其局限性，结合领域知识，以科学的态度进行研究和应用。通过合理的模型选择、数据处理、特征工程和模型验证方法，我们可以克服这些挑战，使机器学习在金融领域中发挥出其优势。

未来，深度学习和强化学习的发展将进一步丰富金融领域的机器学习应用。深度学习在处理复杂金融数据时的自动特征提取能力和强化学习在量化交易中找寻最优策略的能力都将为金融领域带来更高级别的自动化和智能化。机器学习的发展将不断推动金融领域的创新和进步,我们将在下一节中进一步探讨相关内容。

3.6 深度学习与金融:神经网络、LSTM、CNN 等

深度学习作为机器学习的重要分支,对于处理海量、高纬度、复杂关系的数据集具有独特优势,尤其是在提取抽象层次的特征和进行复杂预测分析上,表现出显著的优越性。近些年,其在金融领域中的应用也愈发普及且成绩斐然。在接下来的篇幅中,我们将重点介绍深度学习的核心模型——神经网络(NN)、长短期记忆网络(LSTM)和卷积神经网络(CNN)。我们将深入探讨这些模型的工作原理、实现方式,以及它们如何被巧妙地应用于金融领域的各种复杂场景,发挥其强大的数据挖掘和预测分析能力。

3.6.1 神经网络

神经网络(Neural Network,NN),或者称为人工神经网络(Artificial Neural Network,ANN),是模拟人脑神经系统工作机制的计算模型,是机器学习和深度学习的核心组成部分。在金融领域中,神经网络可以用于预测市场趋势、股票价格,评估信贷风险,进行高频交易等各类问题。

神经网络的主要组成部分是神经元(也称为节点或单元),这些神经元按照特定的方式相互连接并传递信息。一般来说,神经网络由输入层、隐藏层和输出层构成。输入层接收原始数据,隐藏层对数据进行处理和转化,输出层则输出最后的预测或决策结果。

每一个神经元接收多个输入,每个输入都有各自的权重。神经元的工作过程可以简化为以下两步:第一步是计算所有输入与其相应权重的乘积之和,然后加上一个偏置项;第二步是将这个和通过一个激活函数,得到神经元的输出。

用数学语言描述,假设一个神经元接收到的输入为 $x_1, x_2, \cdots, x_n$,对应的权重为 $w_1, w_2, \cdots, w_n$,偏置项为 b,激活函数为 f,那么这个神经元的

输出 y 可以表示为：
$$y = f(w_1x_1 + w_2x_2 + \cdots + w_nx_n + b)$$

在训练过程中，神经网络通过反向传播算法调整权重和偏置，使模型的预测结果尽可能接近真实值。

神经网络在金融领域中的应用非常广泛。例如，在股票市场预测中，我们可以把过去一段时间的股票价格、交易量等因素作为输入，用神经网络模型预测未来的股票价格。在信用评分中，我们可以把客户的年龄、收入、信用历史等因素作为输入，用神经网络预测客户的信用等级。

让我们从 Yahoo Finance 下载苹果公司 2022 年 1 月 1 日至 2023 年 7 月 1 日的历史股票数据，来演示一下如何使用神经网络预测股票价格。

首先，我们需要安装两个额外的库。

（1）Keras：Keras 是一个用于深度学习的高级 API，它在设计上强调的是用户友好、模块化及可扩展性。Keras 可以运行在 TensorFlow、CNTK、Theano 等多种底层引擎之上，但从 Keras 2.3.0 开始，Keras 只推荐并全面支持 TensorFlow 的后端。Keras 的设计目标是使深度学习模型的创建更加快速和方便。在 Keras 中，你可以使用预定义的层（例如，全连接层、卷积层、循环层等）来组建模型，然后用简单的命令来训练、评估和优化模型。

（2）TensorFlow：TensorFlow 是一个开源的用于机器学习和深度学习的库，由 Google Brain 团队开发并维护。TensorFlow 支持多种不同的任务，包括神经网络、回归模型、决策树等，并且可以运行在各种设备上，包括 CPU、GPU、TPU（Tensor Processing Units）等。TensorFlow 提供了底层的、强大的机器学习 API，使用户能够直接操作和优化模型。此外，TensorFlow 还提供了 TensorBoard，一个可视化工具，用于模型训练过程的追踪和调试。

安装 TensorFlow 和 Keras 都很简单，可以使用 pip（Python 的包管理器）来安装。

```
pip install tensorflow
pip install keras
```

然后，运行下列代码得到预测值。

```python
# 导入所需的库
import numpy as np
import pandas as pd
from keras.models import Sequential
from keras.layers import Dense
from sklearn.preprocessing import MinMaxScaler
from pandas_datareader import data as pdr
import yfinance as yf
yf.pdr_override()
# 下载所需的股票的历史数据
ticker = "AAPL"  # 这里选择苹果股票
df = pdr.get_data_yahoo(ticker, "2022-01-01", "2023-07-01")
df["Adj Close"] = df["Adj Close"].values.astype(float)
# 将数据分割为训练集和测试集
train = df[df.index<'2023-01-01']
                        # 训练集是2023年1月1日之前的数据
test = df[df.index>='2023-01-01']
                        # 测试集是2023年1月1日及以后的数据
# 在处理神经网络之前，需要对数据进行缩放，这里选择MinMaxScaler
# 进行缩放
scaler = MinMaxScaler(feature_range=(0, 1))
scaled_data = scaler.fit_transform(train["Adj Close"].
values.reshape(-1, 1))
# 构建神经网络模型
model = Sequential()  # 使用Sequential模型，这是一个线性堆叠模型
model.add(Dense(units=64, activation='relu', input_dim=1))
                # 添加一个隐藏层，有64个神经元，激活函数为ReLU
model.add(Dense(units=1))  # 添加一个输出层，只有一个神经元
# 编译模型
model.compile(optimizer='adam', loss='mean_squared_error')
                    # 使用Adam优化器，损失函数为均方误差
# 训练模型
model.fit(scaled_data, train["Adj Close"], epochs=50,
```

```
batch_size=10)
# 使用训练好的模型来预测测试集的结果
scaled_test = scaler.transform(test["Adj Close"].values.
reshape(-1, 1))   # 对测试集进行缩放
test['Predictions'] = model.predict(scaled_test)
            # 使用模型进行预测，并将预测结果存储在'Predictions'列
```

这段代码首先下载了苹果公司的历史股票数据，并将数据分为训练集和测试集。然后使用 MinMaxScaler 对数据进行缩放，使其值落在 0 和 1 之间。之后构建并训练了一个简单的神经网络模型。最后对测试集数据进行预测，并将预测结果反向缩放到原始的数值范围，再将这些预测结果添加到测试集中。

注意，我们对训练模型的输入数据（train["Adj Close"]）进行了缩放，但是训练模型的目标数据（模型应该学习预测的数据）仍然是原始的未缩放的 train["Adj Close"]。这可能导致模型的预测结果与实际值的数值范围不一致。

为了解决这个问题，我们需要同时对训练模型的输入数据和目标数据进行缩放，并且在进行预测时，对预测结果进行反向缩放，使其恢复到原始的数值范围。这样，模型的预测结果和实际值就可以在同一数值范围内进行比较了。

继续运行如下代码。

```
# 缩放数据
scaler = MinMaxScaler(feature_range=(0, 1))
# 对训练数据进行缩放
scaled_train_data = scaler.fit_transform(train["Adj Close"].
values.reshape(-1, 1))
# 对训练目标进行缩放
scaled_train_target = scaler.transform(train["Adj Close"].
values.reshape(-1, 1))
# 构建模型
model = Sequential()
```

```
# 添加一个隐藏层,包含 64 个神经元,激活函数为 ReLU,输入维度为 1
model.add(Dense(units=64, activation='relu', input_dim=1))
# 添加一个输出层,只有一个神经元,用于预测股价
model.add(Dense(units=1))
# 编译模型,优化器为 Adam,损失函数为均方误差
model.compile(optimizer='adam', loss='mean_squared_error')
# 训练模型,使用缩放后的训练数据和目标,设置训练轮数为 50,
# 批量大小为 10
model.fit(scaled_train_data, scaled_train_target, epochs=50, batch_size=10)
# 测试模型
# 对测试数据进行缩放
scaled_test = scaler.transform(test["Adj Close"].values.reshape(-1, 1))
# 使用模型对缩放后的测试数据进行预测
test_predictions_scaled = model.predict(scaled_test)
# 对预测结果进行反向缩放,恢复到原始的数值范围
test['Predictions'] = scaler.inverse_transform(test_predictions_scaled)
```

对于神经网络模型的评估,我们通常可以通过计算预测结果和实际结果之间的误差,例如,均方误差(Mean Squared Error,MSE)或均方根误差(Root Mean Squared Error,RMSE)来衡量模型的预测精度。

1. 均方误差

均方误差(MSE)衡量了预测值与实际值之间的平均平方差,它可以看作预测误差的平方的平均值。对于 n 个观测值,其中预测值记为 $y_{\text{pred}[i]}$,实际值记为 $y_{\text{true}[i]}$(其中,i 从 0 到 $n-1$),MSE 的计算公式为:

$$\text{MSE} = \frac{1}{n}\sum_{i=0}^{n-1}(y_{\text{true}[i]} - y_{\text{pred}[i]})^2$$

MSE 的值越小,意味着模型的预测效果越好。MSE 的一个明显优点是,由于差异是平方的,因此大的预测误差会受到更大的惩罚。

2. 均方根误差

均方根误差（RMSE）是MSE的正平方根，它提供了预测误差的一种量度，这种量度在数值上更容易解释。对于同样的 n 个观测值，RMSE的计算公式为：

$$\text{RMSE} = \sqrt{\text{MSE}} = \sqrt{\frac{1}{n}\sum_{i=0}^{n-1}(y_{\text{true}[i]} - y_{\text{pred}[i]})^2}$$

RMSE的主要优势在于它的单位与预测目标的单位相同。例如，在预测房价时，如果房价是以美元为单位的，那么RMSE也将以美元为单位，代表预测的平均误差大小。与MSE一样，较低的RMSE值意味着更高的模型精度。

在某些情况下，我们会更倾向于使用RMSE而不是MSE，因为RMSE能够更好地反映模型的大误差，这是因为平方根函数在大于1的值上是增强效果，而在小于1的值上是降低效果。下面提供一种使用RMSE的评估方式，并且绘制预测结果和实际结果的对比图。

```
from sklearn.metrics import mean_squared_error
import matplotlib.pyplot as plt
# 计算 RMSE
rmse = np.sqrt(mean_squared_error(test["Adj Close"],
test["Predictions"]))
print("RMSE: ", rmse)
# 绘制实际值和预测值的对比图
plt.figure(figsize=(16, 8))
plt.title('NN Model')
plt.xlabel('Date', fontsize=18)
plt.ylabel('Close Price USD ($)', fontsize=18)
plt.plot(test["Adj Close"])
plt.plot(test["Predictions"])
plt.legend(['Actual', 'Predictions'], loc='lower right')
plt.show()
```

得到的结果如图3.30和图3.31所示。

```
RMSE:  0.2893948182926048
```

图 3.30　NN 的 RMSE

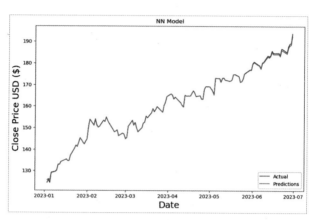

图 3.31　NN 的预测值

在这个例子中，RMSE 是预测收盘价（Predictions）与实际收盘价（Actual）之间的偏差。从图 3.30 中可知，RMSE 的值约为 0.2894，它表示的是预测价格与实际价格之间的平均误差。由于我们使用的是标准化后的价格数据进行预测，这个值并不直接反映原始的美元差距，但是提供了一个评估模型预测能力的参考值。

具体来说，RMSE 的值越小，表示模型的预测能力越好，因为预测值与实际值之间的平均差距更小。反之，如果 RMSE 的值较大，则表示模型预测的准确性有待提高。所以，在这个情况下，RMSE 的值约为 0.2894，从一般角度来看，模型的预测性能表现尚可，其预测结果展示在图 3.31 中，但是否满足具体应用需求还需要根据实际情况进一步评估。

3.6.2　长短期记忆网络

长短期记忆网络（Long Short-Term Memory，LSTM）是一种特殊的循环神经网络（Recurrent Neural Network，RNN），由 Hochreiter 和 Schmidhuber 在 1997 年首次提出。由于其独特的设计，LSTM 有效地解决了 RNN 在处理长序列数据时的长期依赖问题。

LSTM与传统的RNN的主要区别在于其隐藏层的设计。在LSTM中,隐藏层由称为"记忆单元"的特殊结构组成。每个记忆单元包括一个细胞状态(Cell State)和三个"门"结构,即遗忘门(Forget Gate)、输入门(Input Gate)和输出门(Output Gate),这三个门控制着信息在细胞状态中的流动。

(1)细胞状态:细胞状态是LSTM的核心部分,它在整个序列中传递信息。信息可以在细胞状态中被添加或删除,添加和删除的程度由遗忘门和输入门来决定。

(2)遗忘门:遗忘门决定了有多少之前的信息需要被遗忘或丢弃。

(3)输入门:输入门决定了需要更新多少细胞状态。

(4)输出门:输出门决定了当前的细胞状态向下一个隐藏状态输出多少信息。

LSTM的各个组件(门和细胞状态)的计算公式如下。

(1)遗忘门:

$$f_t = \sigma(W_f \cdot [h_{t-1}, x_t] + b_f)$$

(2)输入门:

$$i_t = \sigma(W_i \cdot [h_{t-1}, x_t] + b_i)$$

(3)候选细胞状态:

$$\tilde{C}_t = \tanh(W_C \cdot [h_{t-1}, x_t] + b_C)$$

(4)更新的细胞状态:

$$C_t = f_t * C_{t-1} + i_t * \tilde{C}_t$$

(5)输出门:

$$o_t = \sigma(W_o \cdot [h_{t-1}, x_t] + b_o)$$

(6)更新的隐藏状态:

$$h_t = o_t * \tanh(C_t)$$

其中,σ表示激活函数;tanh表示双曲正切激活函数;*表示元素级的乘法;$[h_{t-1}, x_t]$表示将h_{t-1}和x_t拼接在一起;W和b分别为权重和偏置,它们在训练过程中被学习。

在金融领域中,LSTM主要应用于时间序列预测,如股票价格预测和金融市场趋势预测等。LSTM的优势在于，它能够捕捉到输入数据中的长期依赖关系，这对于金融时间序列数据的预测具有重要意义。由于金融数据可能存在复杂的时间动态变化，LSTM能够通过其特有的结构有效地捕捉并学习这些动态变化。

此外，LSTM也被广泛应用于自然语言处理任务，如情绪分析，这对于理解金融新闻或社交媒体中的市场情绪具有巨大的价值。例如，我们可以利用LSTM模型对公司的季度报告进行情绪分析，以预测其股票价格的可能变化。

综上所述，LSTM由于其优秀的长期记忆能力，在处理金融时间序列预测和金融文本分析等问题上表现出色。无论是处理价格变动、市场波动还是市场情绪，LSTM都能提供深入且准确的分析，从而为金融决策提供有力的支持。

继续上一个例子，即针对同样时间段的苹果公司的历史股票数据，设置训练集和测试集，来预测股价。

```
from keras.layers import LSTM, Dense
# 构建模型
model = Sequential()
model.add(LSTM(units=64, return_sequences=False,
input_shape=(1, 1)))
model.add(Dense(units=1))
# 编译模型
model.compile(optimizer='adam', loss='mean_squared_error')
# 训练模型
model.fit(scaled_train_data[:-1].reshape(-1, 1, 1),
scaled_train_data[1:], epochs=50, batch_size=10)
# 测试模型
test['Predictions'] = scaler.inverse_transform(model.
predict(scaled_test.reshape(-1, 1, 1)))
```

这段代码首先定义了一个使用LSTM和Dense层的模型，然后使用缩放后的训练数据对模型进行训练。模型训练完成后，我们将缩放的测试数据输入模型，得到预测结果，再将预测结果反缩放回原来的值域，得到的就是预测的收盘价。

我们可以继续通过计算实际值和预测值之间的均方根误差（RMSE）来评估模型的预测效果。

```
# 计算 RMSE
rmse = np.sqrt(mean_squared_error(test["Adj Close"],
test['Predictions']))
print("RMSE: ", rmse)
# 绘制实际值和预测值的对比图
plt.figure(figsize=(10, 6))
plt.title('LSTM Model')
plt.xlabel('Date', fontsize=18)
plt.ylabel('Close Price USD ($)', fontsize=18)
plt.plot(test["Adj Close"])
plt.plot(test["Predictions"])
plt.legend(['Actual', 'Predictions'], loc='lower right')
plt.show()
```

得到的结果如图 3.32 和图 3.33 所示。

RMSE: 0.7953346767375319

图 3.32　LSTM 的 RMSE

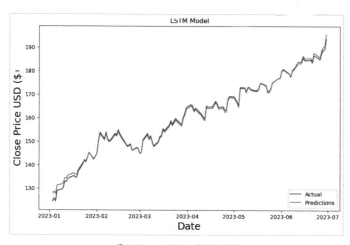

图 3.33　LSTM 的预测值

从图3.32中可知，预测值和真实值的RMSE约为0.7953。这意味着预测模型对股票收盘价的预测与实际价格平均相差约0.7953美元。其预测结果展示在图3.33中。但具体的解释需要考虑到具体的预测任务和应用背景。例如，对于股票价格的预测，这个误差可能被认为是相对较大的，因为股票交易常常涉及很大的资金，这个差距可能导致显著的经济损失。然而，对于其他一些预测任务（比如，天气预测），这个差距可能被认为是可以接受的。

3.6.3 卷积神经网络

卷积神经网络（Convolutional Neural Network，CNN）是一种深度学习模型，特别适用于处理具有网格状拓扑结构的数据，如图像（二维像素网格）和文本数据（一维词序列）。CNN的主要特点在于其能够自动地学习和提取特征。

CNN的基本构成由三种类型的层组成：卷积层（Convolutional Layer）、池化层（Pooling Layer）和全连接层（Fully Connected Layer）。

（1）卷积层：卷积层通过在输入数据上滑动小的窗口（也称为"卷积核"或"滤波器"），并在每个窗口上应用相同的权重，从而能够自动学习和提取空间上的局部特征。

（2）池化层：池化层跟随在卷积层之后，它的主要作用是降低数据的空间维度（例如，宽度和高度），同时保持其深度（也就是特征的数量）不变。这样可以减少计算量，并且增强模型的泛化能力。

（3）全连接层：全连接层通常位于网络的最后，用于整合所有的特征，并输出最终的预测结果。

CNN的工作原理可以分为两个主要阶段：特征提取阶段和分类阶段。

（1）在特征提取阶段，卷积层和池化层负责从输入数据中提取有用的特征。卷积层通过应用卷积核在输入数据上滑动，提取出一系列的局部特征；池化层则负责降低这些特征的空间维度，保留最显著的特征。

（2）在分类阶段，全连接层负责整合所有的特征，并输出最终的预测结果。

在金融领域中，CNN被广泛应用于各种类型的预测任务，尤其是对于图像和文本数据的处理。例如，CNN可以用于分析金融市场的时间序列数据，通过捕捉各种复杂的模式来预测未来的价格走势。另外，CNN也可以用于分析金融报告、新闻文章等文本数据，以提取出影响市场动态的关键信息。

此外，CNN也被用于欺诈检测、信用评分、算法交易等多个金融子领域，这显示了它强大的功能和灵活性。随着深度学习技术的进一步发展，CNN在金融领域中的应用将会越来越广泛。

继续上一个例子，即针对同样时间段的苹果公司的历史股票数据，设置训练集和测试集，来预测股价。

```
from keras.layers import Conv1D, MaxPooling1D, Flatten
# 为CNN重塑数据
train_cnn = np.array([np.array(train["Adj Close"].
values[i-10:i]) for i in range(10, len(train))])
test_cnn = np.array([np.array(test["Adj Close"].
values[i-10:i]) for i in range(10, len(test))])
# 数据缩放
scaler_cnn = MinMaxScaler(feature_range=(0, 1))
train_cnn = scaler_cnn.fit_transform(train_cnn)
test_cnn = scaler_cnn.transform(test_cnn)
# 构建CNN模型
model = Sequential()
model.add(Conv1D(filters=32, kernel_size=5,
activation='relu', input_shape=(10, 1)))    # 卷积层
model.add(MaxPooling1D(pool_size=2))         # 池化层
model.add(Flatten())   # 展平层
model.add(Dense(50, activation='relu'))      # 全连接层
model.add(Dense(1))    # 输出层
# 编译模型
model.compile(optimizer='adam', loss='mean_squared_error')
# 训练模型
model.fit(train_cnn, train["Adj Close"].values[10:],
```

```
epochs=50, batch_size=10)
# 测试模型
predictions = model.predict(test_cnn)
test['Predictions'] = np.append([np.nan]*10, predictions)
```

上述代码首先将数据重塑,使其适合CNN模型的输入。然后对数据进行缩放,以保证所有的特征值都在相同的范围内。

之后,我们构建了一个简单的CNN模型,该模型包含一个卷积层、一个池化层、一个展平层及两个全连接层。模型的优化器被设置为'adam',损失函数被设置为均方误差('mean_squared_error')。

接着,我们对模型进行训练。训练数据是train_cnn,目标值是train["Adj Close"].values[10:]。训练过程持续50个周期(epochs),并且每个批次(batch)包含10个样本。

最后,我们使用测试数据test_cnn来测试模型,将预测结果存储在test['Predictions']中。注意,在创建test_cnn时,使用了前10个数据点来预测第11个点,这样就会导致test_cnn的长度比test少10,可能需要对这个问题进行修正。一个解决方法是对预测结果进行适当的填充,以使其与test DataFrame的长度相匹配,这可能意味着需要在预测结果的开始处添加10个NaN值。

我们可以继续通过计算实际值和预测值之间的均方根误差(RMSE)来评估模型的预测效果。

```
# 删除含有 NaN 值的数据
test = test.dropna()
# 计算 RMSE
rmse = np.sqrt(mean_squared_error(test["Adj Close"],
test['Predictions']))
print("RMSE: ", rmse)
# 绘制实际值和预测值的对比图
plt.figure(figsize=(10, 6))
plt.title('CNN Model')
plt.xlabel('Date', fontsize=18)
```

```
plt.ylabel('Close Price USD ($)', fontsize=18)
plt.plot(test["Adj Close"])
plt.plot(test["Predictions"])
plt.legend(['Actual', 'Predictions'], loc='lower right')
plt.show()
```

得到的结果如图 3.34 和图 3.35 所示。

RMSE: 4.408179824754498

图 3.34　CNN 的 RMSE

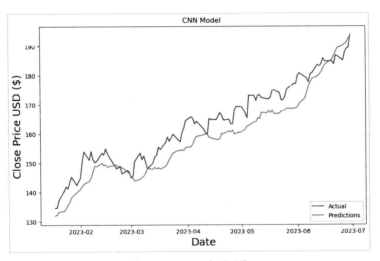

图 3.35　CNN 的预测值

从图 3.34 中可知，该模型的 RMSE 值约为 4.4082，这意味着模型预测的价格与实际价格之间的平均偏差约为 4.4082 美元。其预测结果展示在图 3.35 中。是否接受这个误差取决于对模型精度的具体需求。

表 3.2 列出了使用 3 种不同深度学习模型进行预测得到的 RMSE 值。首先，需要明确的一点是，每次进行模型训练时，由于初始化的权重是随机的，因此可能会得到不一样的 RMSE 值，即使模型和数据都相同。

表 3.2　不同深度学习模型的 RMSE 值对比

模型类型	RMSE值
神经网络（NN）	0.2894
长短期记忆网络（LSTM）	0.7953
卷积神经网络（CNN）	4.4082

其次，我们可以看到，虽然在这个例子中神经网络（NN）模型的RMSE值最小，即预测结果的精度最高，但是这并不意味着神经网络在所有场景下都是最好的选择。不同的深度学习模型有自己的优势和应用领域。

（1）神经网络（NN）适用于处理较为简单的非线性关系，如简单的分类和回归问题。

（2）长短期记忆网络（LSTM）适用于处理有时间序列关系的数据，如语音识别、文本生成、股票预测等问题。

（3）卷积神经网络（CNN）适用于处理具有局部空间连续性的数据，如图像识别、语音识别等问题。

这3种模型都在它们各自的领域中发挥了很大的作用，没有绝对的优劣之分，选择哪种模型主要取决于我们所处理的问题类型、数据特性及具体的应用需求。为了得到最好的模型效果，我们需要尝试和比较不同的模型，选择在特定问题上效果最好的模型。

3.6.4　深度学习在金融领域中的挑战

深度学习以其强大的预测和表征能力，在多个领域中取得了显著的成果。然而，在金融领域中，深度学习技术还面临着一系列的挑战，这些挑战可能会影响其在实际金融应用中的性能和效果。下面我们将详细探讨这些挑战。

1. 数据的挑战

（1）数据质量：金融数据往往含有噪声、异常值或缺失值，这可能导致模型训练结果的不准确。要达到优秀的预测效果,需要对数据进行仔细的清洗和处理,确保数据的质量和准确性。

(2)数据量:深度学习通常需要大规模的数据来训练模型,但在金融领域中,尤其是在预测稀有事件(如金融危机、欺诈行为)时,我们可能只有有限的样本。

(3)非平稳性:金融数据通常是非平稳的,这意味着它们的统计特性(如均值和方差)会随时间而变化。这增加了预测模型的复杂性,因为模型必须能够适应这些变化。

2. 模型和算法的挑战

(1)模型复杂性:深度学习模型具有高度的复杂性,需要大量的计算资源和时间进行训练。过于复杂的模型可能导致过拟合,即模型过于依赖训练数据,失去了对新数据的泛化能力。

(2)模型可解释性:深度学习模型往往被视为"黑箱",其内部运作机制不透明。在金融领域中,决策通常需要明确的理由和证据,因此模型的可解释性是非常重要的。

3. 合规性和法规的挑战

(1)数据隐私和安全:金融数据通常包含敏感的个人信息。使用这些数据时,必须确保数据的隐私和安全,遵守相关的法规。

(2)合规要求:在金融领域中,模型的使用需要符合一系列的合规要求,包括但不限于模型的公平性、透明性和可解释性。因此,深度学习模型的黑箱性质可能带来合规性风险。

4. 市场和外部环境的挑战

(1)市场动态:金融市场是高度动态的,受到许多无法预测的因素的影响,如政策变动、经济事件、市场情绪等。这些因素可能会对模型的预测结果产生影响。

(2)金融市场的非线性和复杂性:金融市场的行为具有明显的非线性和复杂性,存在许多复杂的、难以捉摸的模式和关系。这提高了模型设计和训练的难度。

尽管深度学习在金融领域的应用中面临着这些挑战，但我们相信，随着深度学习技术的进步和我们对其在金融应用中的理解的深入，这些挑战将会被克服，深度学习在金融领域中的应用将会变得越来越广泛。

3.7 自然语言处理：利用 Transformer 结构分析市场情绪

自然语言处理（Natural Language Processing，NLP）是计算机科学和人工智能的一个子领域，重点关注计算机与人类语言的交互，其目的是让计算机能够理解、处理和生成人类语言。在金融领域中，NLP技术经常被用于分析市场情绪，这可以通过分析新闻、社交媒体或财报来实现。其中，情绪分析是NLP的一个关键应用，它能够检测和分类文本中的情绪倾向，如正面、负面或中性。

近年来，深度学习在NLP领域中取得了显著的进展。其中，BERT（Bidirectional Encoder Representations from Transformers，来自Transformers的双向编码器表征）是Google在2018年提出的一种预训练语言模型，已经在各种NLP任务中，包括市场情绪分析中，取得了显著的效果。BERT的关键在于其双向性和使用的Transformer结构。这种结构能够捕捉文本中的长距离依赖关系，并可以并行计算以加速训练。BERT首先在大量的无标签文本上进行预训练，然后在特定任务的数据上进行微调，这使其能够在多种NLP任务中实现出色的性能。

在金融分析中，Transformer结构和BERT模型的应用为我们提供了前所未有的洞察力，使我们能够更准确地捕捉市场情绪，从而为投资决策提供关键的信息。

以下是BERT模型的一些主要特点。

（1）双向：与传统的单向模型不同，BERT能同时考虑上下文的左边和右边，这让它能更好地理解词语的含义。

（2）Transformer结构：BERT使用了Transformer结构，而不是传统的

RNN或CNN。Transformer结构可以处理长距离的依赖关系，并且可以并行计算，从而提高训练速度。

（3）预训练和微调：BERT首先在大量的无标签文本上进行预训练，学习语言的一般特性，然后在特定任务的数据上进行微调。这样的策略让BERT能在各种NLP任务中都取得很好的效果。

BERT模型的训练主要包括两个阶段：预训练和微调。

（1）预训练阶段：BERT在大量的无标签文本数据上进行预训练，该阶段使用了两种任务。

①掩码语言模型（Masked Language Model，MLM）：随机掩盖输入句子中的一些单词，然后让模型预测被掩盖的单词。这要求模型必须理解句子的整体结构，才能准确地预测被掩盖的单词。

②下一句预测（Next Sentence Prediction，NSP）：给模型两个句子，让模型预测第二个句子是否紧接在第一个句子之后。这要求模型必须理解句子间的关系，才能准确地做出预测。

（2）微调阶段：在预训练阶段之后，BERT会在特定任务的数据上进行微调。微调过程中，BERT的参数被进一步调整，以使模型在特定任务上的性能达到最优。在微调阶段，可以使用各种NLP任务，如情绪分析、问答、文本分类等。

情绪分析（Sentiment Analysis）也称为意见挖掘（Opinion Mining），是NLP中的一个重要应用领域。情绪分析的主要任务是通过分析文本中的情绪色彩，识别和提取出其中的主观信息。这些信息通常包括作者对某个主题、产品或服务的观点、感受和态度。在情绪分析中，确实存在着诸如上下文敏感性和讽刺性等复杂问题，这些问题可能导致模型对某些文本的预测结果并不准确。我们可以通过使用更复杂的模型或使用更大的、包含更多上下文信息的数据集来改进模型。

接下来，我们将使用Hugging Face的Transformers库来加载预训练的BERT模型来构建一个情绪分析模型。BERT模型在处理上下文敏感性和讽刺性等问题时表现得非常好，因为它的核心是Transformer结构，其主要组成部分是自注意力机制。自注意力机制的主要思想是：在处理一个词时,不仅要考虑这个词本身,还要考虑它的上下文中的所有词。每个词都有一个权重,这个权重决定了它对当前词的影响程度。

首先安装 Transformers 库:

```
pip install transformers
```

除载入必备的库外,还需要加载一个预训练的 BERT 模型和对应的分词器。

```
from transformers import BertTokenizer,
TFBertForSequenceClassification
from sklearn.model_selection import train_test_split
from sklearn.metrics import confusion_matrix
import matplotlib.pyplot as plt
import seaborn as sns
import pandas as pd
import numpy as np
import tensorflow as tf
# 加载预训练的 BERT 模型和分词器
model = TFBertForSequenceClassification.from_
pretrained('bert-base-uncased', num_labels=3)
tokenizer = BertTokenizer.from_pretrained('bert-base-uncased')
```

加载预训练的 BERT 模型和分词器这一步是加载已经在大量数据上训练好的 BERT 模型和分词器。预训练模型已经学习到了大量的语言知识,包括词汇、语法、语义等。通过加载预训练模型,我们可以利用这些已经学习到的知识,而不需要从零开始训练模型。这样可以大大提高模型的效果,同时也节省了大量的计算资源。

然后加载和检查数据,我们加载的数据来源于一个开源的数据库网站 Kaggle[①] 中,文件名为 "Sentiment Analysis for Financial News" 的数据,该数据集包含从散户投资者角度对财经新闻头条的看法。

---

① https://www.kaggle.com/datasets/ankurzing/sentiment-analysis-for-financial-news

机器学习在金融情绪分析中的应用相对较少，主要因为在实际操作中实施困难，同时也缺乏高质量的训练数据以构建这样的模型。特别是针对金融和经济文本，注释数据集是一种稀有资源，而且许多此类数据集仅用于专有目的。为了解决这种训练数据不足的问题，该数据集收集了 5000 个句子，并进行人工标注，旨在建立一个标准基准，以便于其他模型技术进行比较。

在数据的短语级注释任务中，目标是根据给定句子中明确存在的信息，将每个样本句子分类为正面（positive）、负面（negative）或中性（neutral）。由于本研究的重点是金融和经济领域，我们要求注释者从投资者的视角出发，即只考虑新闻对股价的可能影响是正面、负面还是中性。因此，如果一个句子从经济或金融的角度看并无明显情绪倾向，我们就将其分类为中性。

在这个过程中，我们还要检查是否有缺失的值。

```
# 加载数据
df = pd.read_csv('./all-data.csv', delimiter=',',
encoding='latin-1')
df = df.rename(columns={'neutral':'sentiment', 'According
to Gran, the company has no plans to move all production
to Russia, although that is where the company is growing .':
'Message'})
# 检查数据是否有缺失的值
print(df.isnull().sum())
```

如果输出结果显示 sentiment 或 Message 有缺失值，那么就需要处理这些缺失的值。可以选择删除含有缺失值的行，或者填充缺失的值。删除含有缺失值的行的代码如下。

```
df = df.dropna()
```

得到的结果如图 3.36 所示。

```
sentiment  0
Message    0
dtype: int64
```

图 3.36　检验数据缺失值

因此，可以忽略删除含有缺失值的行的操作。

接下来，我们进行数据预处理，在这个步骤中，我们将把情绪标签从字符串转化为数字，并划分数据集为训练集和测试集。

```
# 将情绪标签映射为数字
sentiment_mapping = {'positive': 2, 'neutral': 1,
'negative': 0}
df.sentiment = df.sentiment.map(sentiment_mapping)
# 划分训练集和测试集
train, test = train_test_split(df, test_size=0.2,
random_state=42)
```

（1）将情绪标签映射为数字：在机器学习和深度学习中，模型通常不能直接处理文本或类别型数据，需要将这些数据转换为数字。这段代码定义了一个字典 sentiment_mapping，将情绪标签 'positive'、'neutral' 和 'negative' 分别映射为数字 2、1 和 0。然后，df.sentiment = df.sentiment.map(sentiment_mapping) 这行代码将数据集中的情绪标签转换为相应的数字。

（2）划分训练集和测试集：在监督学习中，通常需要将数据集划分为训练集和测试集。训练集用于训练模型，测试集用于评估模型的泛化能力，即模型对未见过的数据的处理能力。train_test_split() 是一个常用的函数，用于随机划分训练集和测试集。其中，test_size=0.2 表示测试集占总数据的 20%；random_state=42 是随机数生成器的种子，用于确保每次运行代码时，数据的划分方式都一样。

下一步构建模型，在这个步骤中，我们将加载预训练的 BERT 模型和分词器，并准备输入数据。

```
# 加载预训练的 BERT 模型和分词器
```

```
model = TFBertForSequenceClassification.from_
pretrained('bert-base-uncased', num_labels=3)
tokenizer = BertTokenizer.from_pretrained('bert-base-uncased')
# 准备输入数据
train_encodings = tokenizer(train.Message.tolist(),
truncation=True, padding=True, max_length=128)
test_encodings = tokenizer(test.Message.tolist(),
truncation=True, padding=True, max_length=128)
# 创建数据集
train_dataset = tf.data.Dataset.from_tensor_slices((
    dict(train_encodings),
    train.sentiment.tolist()
)).shuffle(1000).batch(16)
test_dataset = tf.data.Dataset.from_tensor_slices((
    dict(test_encodings),
    test.sentiment.tolist()
)).batch(16)
```

（1）加载预训练的BERT模型和分词器：TFBertForSequenceClassification是一个基于TensorFlow的BERT模型，也是一个针对序列分类任务（如情绪分析）的BERT模型。它在BERT模型的基础上添加了一个顶层的分类器，这个分类器可以用于预测输入序列的类别，特别适用于文本分类任务。from_pretrained('bert-base-uncased', num_labels=3)意味着从预训练的'bert-base-uncased'模型加载模型权重，且指定模型的输出类别数为3（正面、中性、负面）。BertTokenizer是一个用于BERT模型的分词器，它将文本输入转化为模型可以理解的形式，即将文本切分为token，然后将这些token转化为它们在BERT的词汇表中的索引，这样就可以输入BERT模型中进行训练或预测。BertTokenizer.from_pretrained('bert-base-uncased')则从预训练的'bert-base-uncased'模型加载分词器。

（2）准备输入数据：对训练集和测试集中的文本进行分词、截断和填充，以适应BERT模型。max_length=128表示将所有文本截断或填充到固定的长度128。

(3)创建数据集:使用TensorFlow的tf.data.Dataset.from_tensor_slices方法将编码后的文本和对应的情绪标签组合为一个数据集。对训练集数据进行打乱(shuffle(1000))以提高模型的泛化能力,然后将数据划分为大小为 16 的批次(batch(16)),这是因为深度学习模型通常使用小批量梯度下降法进行训练。测试集不需要打乱,但也需要进行批次划分。

然后开始训练模型,在这个步骤中,我们需要耐心等待一段时间,训练模型的快慢不仅取决于样本和模型本身,也取决于计算机硬件配置。

```
# 训练模型
model.compile(optimizer=tf.keras.optimizers.
Adam(learning_rate=5e-5), loss=tf.keras.losses.
SparseCategoricalCrossentropy(from_logits=True),
metrics=['accuracy'])
model.fit(train_dataset, epochs=2)
```

(1)编译模型:在训练模型之前,需要先编译模型。编译模型主要包括设置优化器、损失函数和评估指标。

① optimizer=tf.keras.optimizers.Adam(learning_rate=5e-5):设置优化器为 Adam,并指定学习率为 5×10^{-5}。学习率是一个超参数,控制模型在训练过程中权重更新的速度。学习率太高可能会导致模型在最优解附近震荡,无法收敛;学习率太低可能会导致模型收敛速度过慢。Adam优化器是一种常用的优化器,能够自适应地调整学习率。

② loss=tf.keras.losses.SparseCategoricalCrossentropy(from_logits=True):设置损失函数为 SparseCategoricalCrossentropy()。在多分类问题中,交叉熵损失函数常常被使用。这里的 SparseCategoricalCrossentropy 是交叉熵损失函数的一种变体,适用于真实标签为整数的情况。参数 from_logits=True 表示模型的输出是未归一化的预测值(模型的最后一层没有 Softmax 激活函数)。

③ metrics=['accuracy']:设置评估指标为准确率。准确率是分类问题中常用的评估指标,表示模型预测正确的样本数占总样本数的比例。

(2)训练模型:使用 model.fit(train_dataset, epochs=2) 开始训练模型。

train_dataset 是训练数据，epochs=2 指定训练两个周期。一个周期表示模型已经遍历了一次整个训练集。训练的周期数是一个超参数，需要根据问题和数据进行调整。太多的周期可能会导致模型过拟合，太少的周期可能会导致模型欠拟合。

得到的结果如图 3.37 所示。

```
Epoch 1/2
243/243 [==============================] - 765s 3s/step - loss: 0.5285 - accuracy: 0.7820
Epoch 2/2
243/243 [==============================] - 730s 3s/step - loss: 0.2577 - accuracy: 0.9097
<keras.src.callbacks.History at 0x17192f2ec90>
```

图 3.37　BERT 模型训练过程

从图 3.37 中可知，两个周期共花费约为 1500 秒，相当于 25 分钟。在第一个训练周期中，模型在 243 个批次（batch）上进行了训练（每个批次包含 16 个样本，因为之前设置了 batch(16)）。整个训练周期用时 765 秒，平均每个批次用时约 3 秒。训练周期结束后，模型的损失函数值为 0.5285，准确率为 0.7820。损失函数值越小，表示模型的预测结果与真实结果越接近；准确率则是正确预测的样本数占总样本数的比例，准确率越高，表示模型的预测能力越好。第二个训练周期中，模型在 243 个批次（batch）上进行了训练。整个训练周期用时 730 秒，平均每个批次用时约 3 秒。训练周期结束后，模型的损失函数值为 0.2577，准确率为 0.9097。

在这个训练过程中，我们可以看到模型的损失函数值在逐渐降低，准确率在逐渐提高，这说明模型在学习中，并在逐步提高其预测性能。

最后我们通过预测测试集的标签，生成并显示混淆矩阵来评估模型。

```
# 预测测试集
predictions = model.predict(test_dataset)
# 将预测结果转换为标签
pred_labels = np.argmax(predictions.logits, axis=1)
# 创建混淆矩阵
cm = confusion_matrix(test.sentiment, pred_labels)
sns.heatmap(cm, annot=True, linewidth=0.7,
linecolor='cyan', fmt='g', cmap="BuPu")
```

```
plt.title('Classification Confusion Matrix')
plt.xlabel('Y predict')
plt.ylabel('Y test')
plt.show()
```

（1）预测测试集：predictions = model.predict(test_dataset)使用训练好的模型对测试集进行预测。预测结果包含每个类别的预测概率。

（2）将预测结果转换为标签：pred_labels = np.argmax(predictions.logits, axis=1)。np.argmax()函数用于找出概率最大的类别，即模型预测的标签。axis=1 表示沿着行的方向寻找最大值。

（3）创建混淆矩阵：cm = confusion_matrix(test.sentiment, pred_labels)。混淆矩阵是一种常用的分类结果展示方式，行表示实际的类别，列表示预测的类别。

（4）显示混淆矩阵：这段代码使用Seaborn的heatmap()函数将混淆矩阵以热力图的形式绘制出来。

得到的结果如图 3.38 所示。

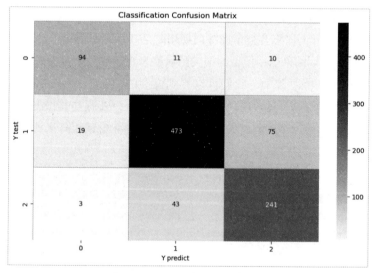

图 3.38　BERT模型的混淆矩阵

在图 3.38 所示的 3×3 的混淆矩阵中,行代表模型实际的类别（negative,neutral,positive）,列代表模型预测的类别（negative,neutral,positive）。

每个单元格中的数值表示实际类别与预测类别的匹配数量。对角线上的元素（从左上角到右下角）表示模型正确预测的数量,这些位置的类别预测正确（真正面,真中性,真负面）。非对角线上的元素表示模型预测错误的情况。例如,第一行第二列的元素表示实际为负面但预测为中性的数量,第二行第一列的元素表示实际为中性但预测为负面的数量。

总的来说,通过混淆矩阵,可以了解到模型在各个类别上的预测性能,哪些类别预测正确,哪些类别预测错误,并可以看到错误预测主要集中在哪些类别之间。

另外,还可以输入新的消息以判定其情绪。

```
# 预测新消息的情绪
def predict_sentiment(model, tokenizer, text):
    inputs = tokenizer(text, truncation=True, padding=True, max_length=128, return_tensors='tf')
    pred = model(inputs)
    labels = ['消极', '中性', '积极']
    print(f'"{text}" 的情绪是 {labels[np.argmax(pred.logits)]}')
```

函数的输入参数有 3 个。

（1）model：已经训练好的模型,用来做情绪预测。

（2）tokenizer：已经加载的分词器,用来将输入的文本转换为模型可以理解的形式。

（3）text：需要预测情绪的文本。

函数的主要步骤如下。

（1）使用分词器 tokenizer 将输入的文本 text 转换为模型所需的输入格式。其中,truncation=True 表示如果文本长度超过模型最大接受长度（这里设置为 128）,则进行截断；padding=True 表示如果文本长度小于模型最大接受长度，则进行填充；return_tensors='tf' 表示返回 TensorFlow 张量。

（2）将处理后的输入数据 inputs 提供给模型 model，得到预测结果 pred。

（3）pred.logits 是模型的原始输出，对于每一个类别，模型都会给出一个得分。这里使用 np.argmax(pred.logits) 得到得分最高的类别索引。

（4）根据索引在 labels 列表中查找对应的情绪标签，并打印出输入文本及其预测的情绪。

尝试输入调用这个函数的实例，预测一条新闻标题的情绪。

```
predict_sentiment(model, tokenizer, '@elonmusk had a
terrible experience with a very pushy sales guy from
tesla Stanford shop while shopping for model x')
```

得到的结果如图 3.39 所示。

`"@elonmusk had a terrible experience with a very pushy sales guy from tesla Stanford shop while shopping for model x" 的情绪是 消极`

图 3.39　基于训练好的 BERT 模型的调用结果实例

结果基本符合常人的认知。

这一小节使用 Transformer 结构，特别是 BERT 模型，进行了市场情绪分析。在金融和经济领域中，情绪分析是一种重要的自然语言处理（NLP）任务，可以帮助我们理解市场对各种新闻和事件的反应。

3.8　实例操作：使用 ChatGPT 的金融相关插件

3.8.1　ChatGPT 插件及安装

ChatGPT 插件可以被视为一个桥梁，将 ChatGPT 核心技术与特定应用或功能结合。例如，当面对全球用户群时，一个语言翻译插件可以实时地将用户的问题转化为 ChatGPT 可以理解的语言，并将其答案翻译回用户的语言，从而打破语言障碍，提供无缝的用户体验。

此外，为了满足商业需求，情绪分析插件可以帮助企业了解其客户的情绪倾向，从而优化产品或服务。例如，通过分析用户与ChatGPT的交互内容，可以判断用户对某一产品或服务的满意度，为企业提供宝贵的反馈。

对于开发者和技术爱好者，代码生成插件可以为他们提供即时的编程帮助，自动产生特定的代码片段，从而加速开发流程。

随着技术的进步，我们还可以期待更多针对特定行业或需求的插件出现，如金融分析等。这不仅可以提供更加个性化的服务，还能为ChatGPT带来更广泛的应用前景。

图 3.40 所示为ChatGPT部分插件截图。那么，如何使用ChatGPT插件呢？首先需要订阅ChatGPT Plus，这是使用插件的先决条件。

图 3.40　ChatGPT部分插件截图

第1步 获取ChatGPT Plus。ChatGPT的高级版本名为ChatGPT Plus，是专为那些追求更高效、更稳定和更优质体验的用户设计的。与基础的免费版本相比，ChatGPT Plus提供了许多独特和高效的功能。作为ChatGPT Plus的订阅者，你将享有优先权，每当推出新功能或算法改进时，你都将是首批体验者。这意味着你可以更快地利用最新的技术，从而获得更好的交互体验。你可以通过OpenAI网站订阅ChatGPT Plus，如图3.41所示。

第2步 访问设置。订阅ChatGPT Plus后，打开应用程序并导航至ChatGPT Plus窗口的下部。在这里，你将找到"Settings & Beta"（设置）选项。单击此按钮可访问设置菜单，你可以在其中管理你的账户并调整你的ChatGPT首选项，如图3.42所示。

图 3.41　ChatGPT Plus 订阅　　　　图 3.42　ChatGPT 用户设置

第3步 激活插件。在设置菜单中，查找"Beta features"（测试版功能）部分。在这里，你将找到激活插件的选项。单击此按钮可在你的ChatGPT Plus订阅中启用插件，如图3.43所示。这将允许你访问插件商店并将插件集成到你的ChatGPT模型中。

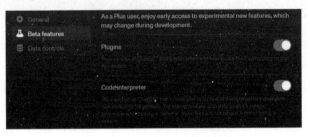

图 3.43　ChatGPT Plus激活插件

第4步 更改模型。下一步是更改你正在使用的模型。为此，请返回设置菜单并找到模型选择部分。在这里，你可以选择你想要使用的型号，如图 3.44 所示。为了获得最佳结果，建议使用 GPT-4，这是撰写本书时该模型的最新版本。该版本已经在更大的数据集上进行了训练，并且比以前的版本提供了改进的性能。

第5步 激活所需的插件。最后，你可以前往插件商店并激活你想要使用的插件。插件商店提供了各种各样的插件，

图 3.44 ChatGPT Plus 更改 GPT-4 模型

每个插件都针对特定的功能而设计，如图 3.45 所示，浏览可用选项并选择最适合你需求的一项。激活插件后，它将集成到你的 ChatGPT 模型中，你可以立即开始使用它。

图 3.45 ChatGPT Plus 选取插件并激活

3.8.2 PortfolioPilot 插件

PortfolioPilot 插件的主要功能之一是能够对你的投资组合进行全面评

估。通过输入你的投资组合详细信息，PortfolioPilot可以根据预期收益、风险调整收益、多元化、波动性和各种下行保护因素来评估你的投资。此外，通过使用getSecurityDetails函数，你可以检索任何上市公司的实时数据，包括预期收益、风险、财务信息、估值、基金敞口、相关证券，甚至人工智能情绪分析。当你考虑投资新股票或想要密切关注已拥有的股票时，此功能非常有用。

以下是PortfolioPilot插件的功能及举例说明。

（1）getSecurityDetails：此函数检索特定证券的最新信息，包括AI情绪分析。

示例："您能给我有关苹果公司股票的详细信息吗？"，输出结果如图3.46和图3.47所示。①

图3.46　使用PortfolioPilot查询股票信息（1）

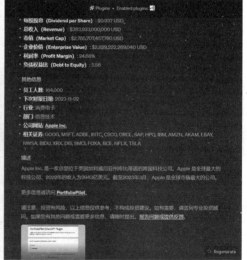

图3.47　使用PortfolioPilot查询股票信息（2）

（2）getTopETFs：此函数根据提供的过滤器（例如，基金理念、多元

---

① 2023年9月19日询问。

化、费用比率、资产类别和上市国家)检索排名前 20 的 ETF。

示例:"您能找到费用比率较低的顶级多元化 ETF 吗?",输出结果如图 3.48 所示。

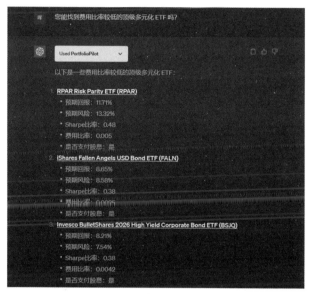

图 3.48 使用 PortfolioPilot 查询 ETF 信息

(3)getTopStocks:此函数根据提供的筛选器(例如,行业、最低市值和国家/地区)检索前 20 名股票。

示例:"您能找到美国市值超过 1000 亿美元的顶尖科技股吗?"

(4)getPortfolioDetails:此函数提供给定投资组合的绩效详细信息。

示例:"您能分析我的投资组合吗?"

(5)getPortfolioExposures:此函数提供给定投资组合的部门、国家和持有风险敞口。

示例:"我的投资组合有哪些风险敞口?"

(6)getAiAssessment:此函数提供给定投资组合的全面人工智能评估,包括摘要、预期表现、建议和下行保护。

示例:"您能对我的投资组合进行人工智能评估吗?"

(7) getMacroInsights：此函数提供全球经济或特定地区的宏观经济见解。

示例："您能给我有关美国的宏观经济见解吗？"

PortfolioPilot可以提供的建议包括在哪里投资额外的资金、出售哪些证券等。此功能可以成为优化你的投资组合和增强你的投资策略的强大工具。但请注意，投资涉及风险，过去的表现并不代表未来的结果，务必结合自己的研究，并考虑向合格的财务顾问寻求建议。

第 4 章

算法交易与风险管理

本章详细讨论算法交易与风险管理。首先,从市场微观结构出发,探讨订单簿、订单类型、市场碎片化和交易延迟等。接下来,用Python介绍交易策略的开发与管理。策略部分将探讨多种模型,如连续时间马尔科夫链、市价订单模型,并详细介绍卖方、买方和做市策略。

风险管理与资金管理也是重点,深入讲述风险度量、风险预测、风险控制及投资组合优化等。本章不新增Python库,但会用到之前的库。

关于电子市场,现在大多数金融合约在电子市场交易,如最为人熟知的股票。股票代表股东对股份公司的所有权,赋予所有者利润份额和投票权利。

市场参与者主要如下。

- 基本交易者:受经济基本面驱动。
- 知情交易者:利用市场外信息预测资产变动。
- 做市商:专业交易者,促进资产交换。

对于希望在金融市场上成功的交易者来说,了解市场的微观结构和运作机制是至关重要的。这不仅可以帮助他们更好地理解市场的动态,还可以为他们提供制定和执行有效交易策略所需的工具和知识。

4.1 市场微观结构理解与应用

市场微观结构（Market Microstructure）是金融经济学的一个分支，主要研究金融市场交易的过程、机制及这些因素如何影响金融资产的价格形成和交易成本。它关注的是市场的运作细节，包括交易方式（如连续竞价、集合竞价）、交易制度（如报价驱动、订单驱动）、交易成本（如买卖价差、市场影响成本）、信息的传递与披露方式等。

4.1.1 订单簿的基本结构与功能

订单簿是一个电子列表，详细记录了市场上所有未执行的买单和卖单，每个订单都明确地包含了价格和数量的信息。买单按照价格从高到低排序，而卖单则按照价格从低到高排序。这种排序方式确保了最高意愿的买家和最低意愿的卖家始终位于订单簿的顶部，这两个价格通常被称为买卖价，也就是最高的买价和最低的卖价。

电子交易所的基础可以简化为一个订单簿和一个匹配算法。价格-时间优先原则是指：一个新的限价订单加入订单簿时，会按照订单的价格放置，并在该价格的执行队列的末尾。例如，当一个新的买单以 8.86 美元的价格进入时，它会被添加到已经在该价格上的订单行中。这个新的订单会在队列中排在最后，成为在 8.86 美元价格上等待执行的订单。

为了更直观地理解订单簿的结构和功能，我们可以使用 Python 进行可视化。以下是一个简单的 Python 案例，展示了如何可视化一个简化的订单簿。

```
import pandas as pd
import matplotlib.pyplot as plt
# 创建一个空的订单簿
order_book = pd.DataFrame(columns=['price', 'quantity', 'type'])
# 添加一些买单和卖单
order_book = order_book.append({'price': 100, 'quantity':
```

```
10, 'type': 'buy'}, ignore_index=True)
order_book = order_book.append({'price': 101, 'quantity':
5, 'type': 'sell'}, ignore_index=True)
order_book = order_book.append({'price': 99, 'quantity':
8, 'type': 'buy'}, ignore_index=True)
order_book = order_book.append({'price': 102, 'quantity':
6, 'type': 'sell'}, ignore_index=True)
# 对订单簿进行排序
order_book = order_book.sort_values(by='price',
ascending=False)
# 创建一个新的图形
plt.figure(figsize=(10, 6))
# 画出买单和卖单
plt.bar(order_book[order_book['type']=='buy']['price'],
order_book[order_book['type']=='buy']['quantity'],
color='green')
plt.bar(order_book[order_book['type']=='sell']['price'],
order_book[order_book['type']=='sell']['quantity'],
color='red')
# 设置图形的标题和标签
plt.title('Order Book')
plt.xlabel('Price')
plt.ylabel('Quantity')
plt.legend(['Buy', 'Sell'])
# 显示图形
plt.show()
```

这段代码创建了一个简单的订单簿,并使用柱状图将其可视化,得到的结果如图 4.1 所示。

在图 4.1 中,买单是中间价格 100.5 左边的柱状图,卖单是中间价格 100.5 右边的柱状图。此时的买单量高于卖单量。

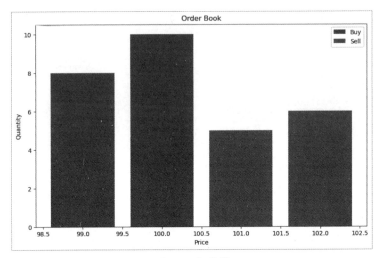

图 4.1　订单簿

4.1.2　订单类型与执行机制

在金融市场中，订单类型定义了交易者如何与市场交互。不同的订单类型有其特定的执行机制和策略目的。以下是 3 种主要的订单类型及其详细描述。

1. 市价订单

市价订单（Market Order，MO）是一个指示立即以当前市场最优价格买入或卖出的订单。这意味着当交易者提交一个市场买单时，该订单将立即与订单簿中的最低卖价匹配；相反，一个市场卖单将与最高买价匹配。

（1）优点：市价订单执行速度快。当交易者希望立即进入或退出市场时，这是非常有用的。

（2）缺点：市价订单可能会受到滑点的影响，尤其是在流动性较低或市场波动较大的情况下。滑点是指订单执行价格与预期价格之间的差异。

2. 限价订单

限价订单（Limit Order，LO）是一个指示只有当市场价格达到（或优于）指定价格时才执行的订单。例如，如果当前市场价格为 100 美元，交易者可以设置一个限价买单为 98 美元。只有当市场价格下跌到 98 美元或更低时,该订单才会执行。

(1)优点:限价订单可以保证价格。这对于希望以特定价格买入或卖出的交易者来说是非常有用的。

(2)缺点:限价订单不能保证执行。如果市场价格没有达到指定的限价,订单可能永远不会被执行。

3. 止损订单

止损订单(Stop Order,SO)是一个指示只有当市场价格达到指定价格时才会变成市价订单的订单。这种类型的订单主要用于限制损失或保护利润。

(1)优点:止损订单可以帮助交易者自动地退出不利的市场情况,从而限制潜在的损失。

(2)缺点:一旦触发,止损订单就会变成市价订单,因此可能会受到滑点的影响。

4.1.1 小节已经介绍了静态的订单簿的基本结构和功能。然而,在实际的金融市场中,订单簿是动态变化的。为了更好地理解订单簿的动态特性,我们将使用Python来模拟一个简单的动态订单簿。

```
import pandas as pd
import matplotlib.pyplot as plt
import matplotlib.animation as animation
from matplotlib.animation import PillowWriter
import numpy as np
# 创建一个空的订单簿
order_book = pd.DataFrame({'price': np.arange(90,
110), 'quantity': np.random.randint(1, 10, 20), 'type':
['buy']*10+['sell']*10})
# 对订单簿进行排序
order_book = order_book.sort_values(by='price',
ascending=False)
# 创建一个新的图形,大小为 20×6,子图在一行上
```

```python
fig, axs = plt.subplots(nrows=1, ncols=2, figsize=(20, 6))
# 存储 Mid Price 的历史值
mid_prices = []
# 定义一个更新图形的函数
def update(num):
    axs[0].clear()
    axs[1].clear()
    axs[0].bar(order_book[order_book['type']=='buy']
['price'], order_book[order_book['type']=='buy']
['quantity'], color='green')
    axs[0].bar(order_book[order_book['type']=='sell']
['price'], order_book[order_book['type']=='sell']
['quantity'], color='red')
    axs[0].set_title('Order Book')
    axs[0].set_xlabel('Price')
    axs[0].set_ylabel('Quantity')
    axs[0].legend(['Buy', 'Sell'])
    # 模拟市价订单
    if num % 2 == 0:  # 每两秒一个市场买单
        order_book.loc[order_book['type']=='sell',
'quantity'] -= 1
    else:  # 每两秒一个市场卖单
        order_book.loc[order_book['type']=='buy',
'quantity'] -= 1
    # 移除数量为 0 的订单
    order_book.drop(order_book[order_book['quantity']<=0].
index, inplace=True)
    # 计算 Mid Price
    bid = order_book[order_book['type']=='buy']['price'].
max()
    ask = order_book[order_book['type']=='sell']['price'].
min()
    mid_price = (bid+ask) / 2
    # 添加 Mid Price 到图中
    axs[0].axvline(mid_price, color='blue', linestyle='--')
```

```
    axs[0].text(mid_price, axs[0].get_ylim()[1], 'Mid
Price: {:.2f}'.format(mid_price), color='blue', va='top')
    # 更新Mid Price的历史值,并画出动态图
    mid_prices.append(mid_price)
    axs[1].plot(mid_prices, color='blue')
    axs[1].set_title('Mid Price Over Time')
    axs[1].set_xlabel('Time')
    axs[1].set_ylabel('Mid Price')
# 创建一个动画
ani = animation.FuncAnimation(fig, update, frames=range(10))
# 保存动画为GIF
ani.save('order_book.gif', writer=PillowWriter(fps=1))
```

得到的结果如图4.2所示。

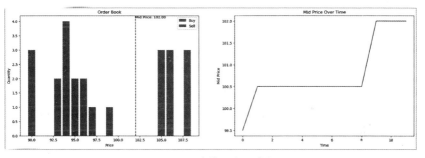

图4.2 订单簿和中间价格

图4.2所示为一个最终的静态图,同时可以看到一个中间价格。因此,我们还需要介绍3个基本概念。

(1)市价订单如何遍历限价订单簿(Market Order walks the Limit Order Book,MO walks the LOB):市价订单是指以当前市场的最佳可得价格买卖资产的订单。当市价订单到达时,它会从最优的价格开始,如果该价格层的数量无法满足市价订单的需求,它会继续"行走"到订单簿中的下一个价格层,直到市价订单的全部数量被满足。这个过程可能会导致价格的改变,尤其是在订单簿深度较低或市价订单数量较大的情况下。

(2)中间价格(Mid Price)或市场参考价格:这是买方出价(Highest

Bid）和卖方要价（Lowest Ask）的平均值，它并不是实际的交易价格。其计算公式为：

$$\text{Mid Price} = \frac{1}{2}(\text{Highest Bid} + \text{Lowest Ask})$$

（3）微观价格（Micro Price）：这是一个更加细粒度的价格，考虑了买卖双方订单的数量。其计算公式为：

$$\text{Mirco Price} = \frac{\text{Highest Bid} \times \text{Volume at Lowest Ask} + \text{Lowest Ask} \times \text{Volume at Highest Bid}}{\text{Volume at Highest Bid} + \text{Volume at Lowest Ask}}$$

其中，Volume at Highest Bid 为最优买单数量，Volume at Lowest Ask 为最优卖单数量。

与 Mid Price 相比，Micro Price 更能反映市场的短期动态。

在算法交易中，这些价格指标可以帮助决定交易的执行。例如，当微观价格 Micro Price 向上移动并超过中间价格 Mid Price 时，可能表明买方的压力增加，因此可以考虑买入。反之，当微观价格 Micro Price 向下移动并低于中间价格 Mid Price 时，可能表明卖方的压力增加，因此可以考虑卖出。当然，这只是基于价格和深度的简单策略，实际的交易策略可能会更复杂，需要考虑更多的因素。

为了进一步了解二者的差别，我们需要创建一个函数来生成订单簿，然后我们可以在每个时间步生成一个新的订单簿，并计算每个时间步的中间价格和微观价格。以下是按照 1 秒一个时间步进行一个订单簿快照生成的 1 分钟内中间价格和微观价格的对比。

```
import pandas as pd
import numpy as np
import matplotlib.pyplot as plt
# 定义一个函数来更新订单簿
def update_order_book(order_book):
    # 随机选择一些订单来修改它们的价格和数量
    indices = np.random.choice(order_book.index, size=5)
    order_book.loc[indices, 'price'] += np.random.randint(-2, 3, size=5)
```

```
    order_book.loc[indices, 'quantity'] += np.random.
randint(-2, 3, size=5)
    # 删除数量小于等于 0 的订单
    order_book = order_book[order_book['quantity']>0]
    # 确保价格在一定的范围内
    order_book['price'] = np.clip(order_book['price'],
90, 110)
    return order_book
# 生成初始的订单簿
order_book = pd.DataFrame({
    'price': np.concatenate([np.arange(90, 100),
np.arange(100, 110)]),
    'quantity': np.random.randint(1, 10, 20),
    'type': ['buy'] * 10 + ['sell'] * 10
})
# 创建空列表,用于存储每一秒的 Mid Price 和 Micro Price
mid_prices = []
micro_prices = []
# 对于每一秒
for _ in range(60):
    # 更新订单簿
    order_book = update_order_book(order_book)
    # 计算 Mid Price 和 Micro Price
    bid = order_book[order_book['type']=='buy']['price'].
max()
    ask = order_book[order_book['type']=='sell']['price'].
min()
    mid_price = (bid+ask) / 2
    bid_volume = order_book.loc[order_book['type']=='buy',
'quantity'].sum()
    ask_volume = order_book.loc[order_book['type']=='sell',
'quantity'].sum()
    micro_price = (bid*ask_volume+ask*bid_volume) /
(bid_volume+ask_volume)
```

```python
# 添加到列表中
mid_prices.append(mid_price)
micro_prices.append(micro_price)
# 可视化价格
plt.figure(figsize=(10, 5))
plt.plot(mid_prices, label='Mid Price')
plt.plot(micro_prices, label='Micro Price')
plt.xlabel('Time (seconds)')
plt.ylabel('Price')
plt.legend()
plt.show()
```

得到的结果如图 4.3 所示。

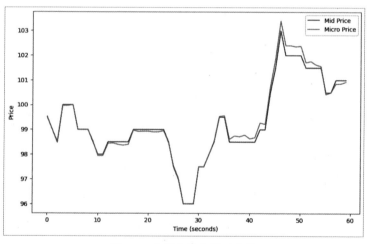

图 4.3　中间价格和微观价格

图 4.3 清晰地描绘了两种不同的价格走势,这些价格走势是由交易所的订单簿动态决定的,从而直观地反映出了市场的即时情况。

4.1.3　市场碎片化问题的理解与应对

市场碎片化(Market Fragmentation)是指一个市场分散到许多不同的交易平台,而不是集中在一个单一的交易平台。由于技术进步,尤其是互联网的出现，市场碎片化现象在全球金融市场中变得越来越普遍。

市场碎片化的出现是由多个因素驱动的。一方面，电子交易和算法交易的崛起使更多的交易平台成为可能。另一方面，政策调整，如美国的全国市场体系制度，鼓励了更多的竞争性交易平台的出现。

碎片化市场有其特定的挑战。首先，市场参与者需要在许多不同的交易平台之间分散他们的订单，这使交易策略变得更加复杂。其次，碎片化可能会影响市场的流动性，因为订单被分散在许多不同的平台，可能导致每个平台的流动性下降。最后，市场碎片化可能会对市场的透明度产生影响，因为不同的交易平台可能有不同的信息公开要求。

应对市场碎片化问题的策略如下。

（1）智能订单路由（Smart Order Routing，SOR）：这是一种算法交易技术，可以自动确定在哪个交易平台下订单，以获取最好的执行。智能订单路由系统会考虑多个因素，如交易成本、交易深度、历史执行质量等，以决定将订单路由到哪个平台。

（2）多市场合成（Multi-Market Consolidation）：这种策略是通过算法或交易系统将多个市场的行情和交易深度信息集中起来，形成一个"虚拟"的统一市场，以便交易员或交易算法更好地理解市场的全貌，并制定相应的交易策略。

（3）规制的调整：对于市场的运营者和监管者来说，调整规则，例如，提高信息披露的要求，或者通过合并交易所，也可以缓解市场碎片化的问题。

（4）交易成本的考虑：在面对碎片化的市场时，投资者和交易者也需要更加注意交易成本的问题。这不仅包括显性交易成本，也包括因为碎片化导致的隐性交易成本，如执行滑点、信息成本等。

市场碎片化无疑为交易者带来了挑战，但通过了解碎片化的原因和影响，以及采取相应的应对策略，交易者可以在碎片化的市场中找到机会，并尽可能地减少其潜在的影响。

4.1.4 交易延迟与市场深度的影响

在交易的世界里，时间常常就是金钱，尤其当我们考虑到交易延迟的影响时。想象一位交易者,他通过经纪人在家中进行交易,他下达了一条指令,希望经纪人能立即执行。但是,从他发出这条指令到指令真正到达市场之间,存在着显著的时间差。在这短暂的延迟期间,市场的状况可能已经发生了剧烈的变化,这对于那些需要紧随市场动态并频繁交易的交易者来说,是一个巨大的挑战。

更为复杂的是,虽然直接访问市场的交易者或通过经纪人交易的交易者能够减少交易执行的延迟时间,但与位于交易中心的交易者相比,他们仍会面临一定程度的时间差异。频繁的交易,尤其是在微小的市场边际上,要求交易者不仅要快速了解市场的状态,还要能够迅速调整自己的订单,这可能是发布新订单、取消旧订单,或者提交市价订单。更进一步,当交易者提交一个市价订单时,他需要充分理解他的执行策略如何影响其他交易者,并预测其他交易者可能如何反应。一个巨大的、没有执行得当的市价订单会在各个交易所之间传播,这可能会导致订单的执行质量降低并增加执行成本,因为其他交易者会重新定位自己,以更有利的价格吸收这些订单。

同时,市场深度和交易规模之间存在紧密的联系。市场深度,简单来说,是市场可以容纳的订单数量,而交易规模往往受到市场深度的影响。如果市场深度不足,那么大量的市价订单将被迫缩小规模,以适应市场。这意味着在流动性不足的市场中,大规模的紧急订单会被拆分成多个小规模的市价订单,然后逐一执行。值得注意的是,近15年来,由于制度、法律、技术和经济的变化,平均交易规模已经持续下降。

总之,交易的环境和策略都受到时间、市场深度和其他多种因素的影响。了解这些因素并制定相应的策略,对于交易者来说是至关重要的。

4.1.5 临时与永久的滑点

在交易中,滑点是一个重要但经常被忽视的概念,它直接影响到交易者的成本和利润。为了更深入地了解滑点,我们可以将其划分为临时滑点和永久滑点。

临时滑点或临时价格影响(Temporary Price Impact)是指交易活动中

引发的短暂的价格变动，过后价格很可能会恢复。我们的预设是，交易的总量（Q）与临时价格影响呈线性关系。这种影响表现为交易执行价格与最优报价的差异（kQ）。为了估算这种影响，我们每秒对限价订单簿进行一次快照，计算各种交易量（$\{Q_1, Q_2, \cdots, Q_n\}$）的执行价格（$S_i^{exe}$）。然后，我们计算出执行价格与最优报价的差异，并进行线性回归。具体来说，我们采用以下公式进行回归。

$$S_i^{exe} - S_t = kQ_i + \varepsilon_{i,t}$$

其中，$\varepsilon_{i,t}$ 代表在 t 时间戳下第 i 个交易量的估算误差。线性回归的斜率参数 k，即是我们对该时刻的每股临时价格影响的估计。

永久价格影响（Permanent Price Impact）则是我们通过观察 5 分钟（或指定时间段）间隔内订单流对价格变动的影响来估计永久价格影响。

$$\Delta S_n = S_{n\tau} - S_{(n-1)\tau}$$

其中，ΔS_n 表示时间间隔 $(n-1)\tau$ 至 $n\tau$ 之间的中间价格变动，我们可以假设 $\tau = 5\text{min}$。进而设 μ_n 为净订单流，即在同一时间间隔内买入和卖出的市价订单（MOs）之差。接着，我们利用鲁棒线性回归方法，估算出永久价格影响为参数 b，具体公式如下。

$$\Delta S_n = b\mu_n + \varepsilon_n$$

其中，ε_n 为误差项（我们假设它服从正态分布）。我们会每天对此模型进行估计，并使用经过缩尾（Winsorize）处理的数据，即去除了上下 0.5% 的极端值。

4.1.6 订单失衡

订单失衡是一种常用的金融市场指标，用于描述买卖双方订单量的不平衡程度。我们在时间 t 定义限价订单失衡 ρ_t 为报价量失衡与总报价量的比率。具体来说，公式如下。

$$\rho_t = \frac{V_{t,b} - V_{t,a}}{V_{t,a} + V_{t,b}}$$

其中，$V_{t,b}$ 代表在时间 t，订单簿买方发布的限价订单的数量；$V_{t,a}$ 代表在时间 t，订单簿卖方发布的限价订单的数量。简单起见，从现在开始，我们将限价订单失衡称为订单失衡。

订单失衡的计算可以通过不同的方式进行，比如，只查看最优价格，查看订单簿的最佳n级，或者考虑发布在中间价格的n个刻度内的数量。具体使用哪一种方法，取决于在给定情况下哪种最适合。一些研究表明，只使用最优价格即可获得最佳的预测能力与模型复杂性之间的权衡。因此，为了简化，我们在此只使用这些信息进行估计，尽管在实际模型中并无此限制。

```python
import pandas as pd
import numpy as np
import time
import matplotlib.pyplot as plt
# 创建一个包含60个订单簿的列表，每个订单簿代表每秒的订单数据
order_books = [pd.DataFrame({
    'type': np.random.choice(['buy', 'sell'], p=[0.5, 0.5], size=10),
    'quantity': np.random.randint(1, 10, 10)
}) for _ in range(60)]
# 计算每秒的订单失衡并保存在列表中
order_imbalances = []
for order_book in order_books:
    buy_quantity = order_book[order_book['type']=='buy']['quantity'].sum()
    sell_quantity = order_book[order_book['type']=='sell']['quantity'].sum()
    order_imbalance = (buy_quantity-sell_quantity) / (buy_quantity+sell_quantity)
    order_imbalances.append(order_imbalance)
    time.sleep(1)    # 等待一秒，模拟实际情况
# 创建一个包含60秒订单失衡的DataFrame
order_imbalances_df = pd.DataFrame(order_imbalances, columns=['Order Imbalance'])
# 绘制订单失衡的图形
```

```
order_imbalances_df.plot(figsize=(10, 6))
plt.title('Order Imbalance Over Time')
plt.xlabel('Time (seconds)')
plt.ylabel('Order Imbalance')
plt.show()
```

这段代码首先创建了一个包含 60 个订单簿的列表，每个订单簿代表每秒的订单数据，每个订单簿中包含 10 个随机的买或卖订单。然后它遍历这 60 个订单簿，计算每秒的订单失衡并将其添加到列表中。在计算完每个订单簿的订单失衡后，它会等待一秒，这是为了模拟实际情况中每秒获取一次订单数据。最后它会绘制一个表示订单失衡的时间序列图形。这个图形的 X 轴表示时间（以秒为单位），Y 轴表示订单失衡，可以通过这个图形观察订单失衡随时间的变化。

得到的结果如图 4.4 所示。

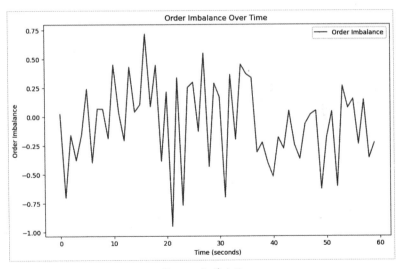

图 4.4　订单失衡

图 4.4 展示了订单失衡的情况，该数值时而正时而负，显示了买卖双方的博弈。

4.2 交易策略开发：交易信号、执行和管理

在算法交易中，交易策略是核心部分，涵盖了交易信号的生成、交易的执行和管理等多个环节。有效的交易策略应该能够在各种市场环境中稳定获利，具有较强的鲁棒性，并能够承受市场的冲击。

4.2.1 基于连续时间马尔科夫链的交易策略

连续时间马尔科夫链（Continuous-Time Markov Chain，CTMC）是描述随机过程在连续时间上的状态转移的数学模型。该模型的核心是它只依赖当前状态并预测下一个状态，而不考虑它是如何达到当前状态的。CTMC的定义：包括状态空间（这是可能的状态的集合）和转移强度矩阵（这描述了系统从一个状态转移到另一个状态的强度或速率）。其核心数学描述如下。

（1）状态空间：$S = \{1, 2, \cdots, n\}$，其中每个状态代表一个可能的事件或情境。

（2）转移强度矩阵（Q-matrix）：$\boldsymbol{Q} = \{q_{ij}\}$，其元素定义如下。

① 对于 $i \neq j$：q_{ij} 是从状态 i 转移到状态 j 的速率。

② 对于 $i = j$：$q_{ii} = -\sum_{j \neq i} q_{ij}$。这确保了每一行的和为 0。

（3）转移概率矩阵（P-matrix）：由于时间是连续的，我们通常使用以下指数公式从 $\boldsymbol{Q}$ 矩阵获得转移概率矩阵 $\boldsymbol{P}(t)$。

$$\boldsymbol{P}(t) = e^{\boldsymbol{Q}t}$$

其中，$e^{\boldsymbol{Q}t}$ 表示 $\boldsymbol{Q}$ 矩阵的矩阵指数。转移概率矩阵的基本性质如下。

（1）半群性质：对于任何非负的 s 和 t，

$$\boldsymbol{P}(s+t) = \boldsymbol{P}(s)\boldsymbol{P}(t)$$

这意味着从现在开始，经过 $s+t$ 时间的转移概率等于先经过 s 然后再经过 t 的转移概率。

（2）时间齐次性：对于连续时间马尔科夫链，转移的概率只依赖时间的长度，而不依赖起始和终止时间。

（3）记忆无关性：给定当前状态，未来的转移不依赖过去的状态。这是马尔科夫链的核心属性。

为了确定交易机会并计算收益率，我们需要遵循以下步骤。

（1）下载当天的数据。

（2）计算每分钟的收益率并为每个收益率定义一个状态（上涨或下跌）。

（3）计算转移概率矩阵。

（4）计算5分钟移动平均线。

（5）从第6分钟开始，如果当前价格超过5分钟移动平均线并且预测的状态为上涨，则买入；如果当前价格低于5分钟移动平均线并且预测的状态为下跌，则卖出。

运行如下Python代码。

```python
import yfinance as yf
import pandas as pd
import numpy as np
import matplotlib.pyplot as plt
# 下载数据
data = yf.download('TSLA', start='2023-07-14',
end='2023-07-15', interval='1m')
data['Return'] = data['Close'].pct_change()
data.dropna(inplace=True)
# 将返回划分为两个状态：上涨和下跌
bins = [-np.inf, 0, np.inf]
labels = [0, 1]  # 0 for down, 1 for up
data['State'] = pd.cut(data['Return'], bins=bins,
labels=labels).astype(int)
# 计算转移概率矩阵
matrix_size = 2
transition_matrix = np.zeros((matrix_size, matrix_size))
for i in range(1, len(data)):
    from_state = data['State'].iloc[i-1]
```

```python
        to_state = data['State'].iloc[i]
        transition_matrix[from_state, to_state] += 1
# 归一化
transition_matrix /= transition_matrix.sum(axis=1,
keepdims=True)
# 使用 5 分钟移动平均线
data['MA5'] = data['Close'].rolling(window=5).mean()
data.dropna(inplace=True)        # 删除前 5 个数据点
signals = []
state = data['State'].iloc[0]   # 第一个状态
for i, row in data.iterrows():
    next_state = np.argmax(transition_matrix[state])
    if row['Close'] > row['MA5'] and next_state == 1:
        signals.append(1)        # Buy
    elif row['Close'] < row['MA5'] and next_state == 0:
        signals.append(-1)       # Sell
    else:
        signals.append(0)        # Hold/Do nothing
    state = next_state
data['Signal'] = signals
# 绘制买卖信号
plt.figure(figsize=(10, 6))
data['Close'].plot()
data['MA5'].plot(alpha=0.5)
buy_signals = data[data['Signal']==1]
sell_signals = data[data['Signal']==-1]
plt.plot(buy_signals.index, data['Close'][buy_signals.
index], '^', markersize=10, color='g', lw=0, label='BUY
Signal')
plt.plot(sell_signals.index, data['Close'][sell_signals.
index], 'v', markersize=10, color='r', lw=0, label='SELL
Signal')
plt.title('TSLA Buy and Sell Signals')
```

```
plt.legend()
plt.show()
# 计算收益率
data['Strategy Return'] = data['Return'] * data['Signal']
cum_strategy_return = (data['Strategy Return']+1).cumprod()
cum_return = (data['Return']+1).cumprod()
print(f"Total return without strategy: {(cum_return.
iloc[-1]-1)*100:.2f}%")
print(f"Total return with strategy: {(cum_strategy_
return.iloc[-1]-1)*100:.2f}%")
```

得到的结果如图 4.5 和图 4.6 所示。

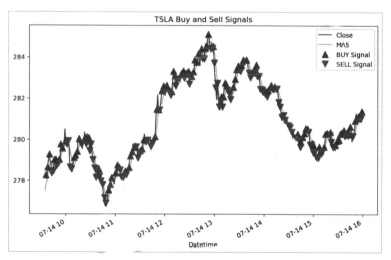

图 4.5　基于 CTMC 的交易策略买卖点

```
Total return without strategy: 1.28%
Total return with strategy: 10.60%
```

图 4.6　基于 CTMC 的交易策略的收益率对比

图 4.5 展示了基于 CTMC 的 2023 年 7 月 14 日特斯拉的买卖点。如图 4.6 所示，如果在当天开始时买入股票，并在当天结束时卖出，你的收益率将是 1.28%。这种策略基本上是被动的，你只是持有股票并等待

价格上涨或下跌。但如果使用上述的交易策略，你的累计收益率将达到10.60%。这意味着，通过在指定的买入点和卖出点进行交易，你能够获得超过单纯持有的收益。这是一个积极管理的策略，它尝试捕捉股票价格的短期波动来获得利润。

使用策略的收益远远超过了不使用策略的收益。这意味着在这一特定的交易日内，此策略能够有效地捕捉到股票的价值波动并从中获利。然而，值得注意的是，单日的收益并不能代表策略的长期表现。在实际交易中，策略的有效性可能会因市场条件、交易成本和其他因素的变化而受到影响，这也凸显了为什么回测是如此重要。回测可以帮助交易者理解策略在过去的不同市场条件下的表现，从而更好地预测其未来的潜在表现。

在这个例子中，我们假设了可以在没有股票的情况下卖空股票，即当我们得到一个卖出信号时，假设我们已经卖空了股票，并从这个操作中获得了收益。卖空意味着我们借用股票并立即卖出，期望在未来以更低的价格买回来。在此策略中，我们没有涉及如何处理借款成本、利率、分红等实际问题。在实际应用中，你可能需要进行更为复杂和全面的分析，并考虑交易成本、滑点等因素。在这一特定的交易日，通过应用策略，你能够实现超过基准（简单买入并持有）的收益。然而，在实施任何交易策略之前，都应该对其进行深入的研究和回测，以确保其长期的稳定性和盈利性。

4.2.2 市价订单的建模与应用

在金融领域中，市价订单是一种指示立即以市场上可用的最佳价格购买或出售一定数量的金融工具的订单。与限价订单不同，市价订单不指定价格，而是优先处理。考虑到这一点，我们仍旧可以使用连续时间马尔科夫链（CTMC）来建模市价订单的动态，并为交易策略提供深入的见解。

假设我们定义以下状态。

（1）状态 1：订单未被执行（State 1）。

(2)状态2:订单被部分执行(State 2)。

(3)状态3:订单被完全执行(State 3)。

我们可以定义一个转移强度矩阵$\boldsymbol{Q}$,其中每个元素q_{ij}表示从状态i到状态j的转移强度。例如,q_{12}代表一个订单从"未被执行"转移到"被部分执行"的速率。在此模型中,我们可以考虑使用转移强度矩阵$\boldsymbol{Q}$来描述从一个状态到另一个状态的转移速率。

$$\boldsymbol{Q} = \begin{bmatrix} -\lambda_{12} & \lambda_{12} & 0 \\ \lambda_{21} & -(\lambda_{21}+\lambda_{23}) & \lambda_{23} \\ 0 & 0 & 0 \end{bmatrix}$$

其中,各项的含义如下。

(1)λ_{12}:表示从状态1到状态2的转移率。这描述了订单从"未被执行"转变为"被部分执行"的转移速率。

(2)λ_{21}:表示从状态2到状态1的转移率。这描述了订单从"被部分执行"转变为"未被执行"的转移速率。

(3)λ_{23}:表示从状态2到状态3的转移率。这描述了订单从"被部分执行"转变为"被完全执行"的转移速率。

在这个模型中,我们认为一个订单一旦被完全执行,它的状态就不会再改变。这就是第三行的元素都是0,以及状态3没有转移回状态1和状态2的原因。

此外,矩阵的对角线元素(从左上角到右下角)通常都是负数或0,而且是该行其他元素之和的负值。这是因为对于任何状态,总转移率出该状态应该等于转移率进入其他所有状态的总和。

例如,对于状态2(订单被部分执行):从状态2到状态1的转移率为λ_{21},从状态2到状态3的转移率为λ_{23}。因此,从状态2出去的总转移率为$\lambda_{21}+\lambda_{23}$。这就是$\boldsymbol{Q}$矩阵中的对角线元素是该行其他元素之和的负值的原因。运行如下代码。

```
import numpy as np
import matplotlib.pyplot as plt
# 定义转移强度矩阵
```

```python
λ12, λ21, λ23 = 0.05, 0.01, 0.02
Q = np.array([[-λ12, λ12, 0],
              [λ21, -(λ21+λ23), λ23],
              [0, 0, 0]])
def simulate_order_execution(num_steps=100):
    state = 2
    states = [state]
    for _ in range(num_steps):
        if state == 2:
            state = np.random.choice([1, 2], p=[λ12/(λ12), 1-λ12/(λ12)])
        elif state == 1:
            next_state_prob = [λ23/(λ21+λ23), λ21/(λ21+λ23), 1-(λ21+λ23)/(λ21+λ23)]
            state = np.random.choice([0, 1, 2], p=next_state_prob)
        states.append(state)
    return states
states = simulate_order_execution()
# 绘制结果
plt.figure(figsize=(10, 6))
plt.plot(states, '-o', label="Order State")
plt.yticks([0, 1, 2], ["Fully Executed", "Partially Executed", "Not Executed"])
plt.title("Market Order Execution Simulation using CTMC")
plt.xlabel("Time")
plt.ylabel("Order State")
plt.legend()
plt.show()
```

得到的结果如图 4.7 所示。

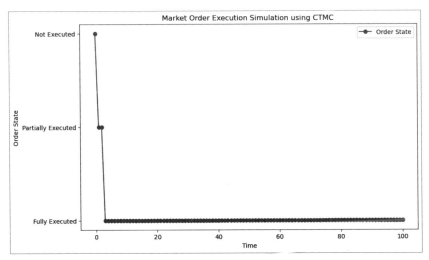

图 4.7 基于 CTMC 的订单执行建模

通过这个模拟得到图 4.7,我们可以了解订单的状态如何随着时间的推移而变化,特别是在给定的转移强度矩阵 Q 的影响下。具体来说,所得图形表示了以下几点。

(1) 时间步骤:X 轴代表模拟的时间步骤,每一步代表一个时间单位(在我们的模拟中,这是一个抽象的单位,但在真实应用中,它可能代表一秒、一分钟等)。

(2) 订单状态:Y 轴代表订单的状态。我们有 3 个状态,分别是订单未被执行(State 1)、订单被部分执行(State 2)和订单被完全执行(State 3)。

(3) 状态变化:图上的线表示了随着时间的推移,订单的状态是如何变化的。例如,如果线从状态 1 跳到状态 2,那么这意味着在那个特定的时间点,订单从"未被执行"变为"被部分执行"。

(4) 持续时间:在某一状态持续的时间长短,可以通过查看图形上对应线的连续性来了解。例如,如果在状态 2 上持续了多个时间步骤,这意味着订单在那段时间内一直处于"被部分执行"的状态。

(5) 转移强度的影响:给定的 Q 矩阵定义了状态之间转移的概率和速

率。通过这个模拟，我们可以观察到实际的状态转移是如何反映这些转移强度的。

4.2.3 交易信号的生成与验证

在金融交易中，交易信号是投资决策的关键，这些信号可以基于多种方法生成，并需要通过多种手段进行验证，以确保其有效性和可靠性。

首先，我们来探讨交易信号的生成。技术分析是其中一种常见的方法，它通过研究历史价格和交易量数据来预测未来的股价走势。例如，移动平均线、相对强弱指数（RSI）和移动平均收敛散度（MACD）都是流行的技术指标。其中，当一个短期移动平均线超过一个长期移动平均线并向上走时，这往往被视为一个买入的信号。其次，除了技术分析，基本面分析也是一个生成交易信号的关键方法。它涉及深入研究公司的财务报告、行业动态及宏观经济指标来判断一个公司或资产的真实价值。最后，量化策略如统计套利、对冲策略和因子模型也为交易者提供了一种系统化的方式来生成交易信号。

生成信号后，验证其有效性变得尤为重要。其中，历史数据回测是一个常用的方法。通过这种方式，交易者可以看到如果在过去应用这一策略，其效果如何。然而，只依赖历史数据是不够的，因为过去的表现不代表未来的结果。因此，前瞻性测试成为另一个有用的工具，允许交易者在真实市场环境中以较小的资本来测试策略。此外，为了更全面地评估策略的表现，统计验证也是必不可少的。例如，夏普比率可以帮助评估策略的风险调整后的收益，而最大回撤则可以揭示策略在不利市场环境下的潜在损失。

总的来说，生成和验证交易信号是金融交易成功的关键。通过多种方法和工具，交易者可以更好地理解和评估他们的策略，从而做出明智的投资决策。

4.2.4 交易管理：订单追踪与调整

交易管理不仅是关于买入和卖出的决策，还涉及在整个交易过程中进行精细的监控和调整。有效的管理可以最大化利润,同时也可以有效地控制和减少风险。

首先,订单追踪是交易过程中至关重要的部分。为了确保交易的透明性和按照预期的方式执行,交易者通常会使用订单管理系统(OMS)及直接市场访问(DMA)平台来实时监视订单的状态。

其次,除订单追踪外,交易者还需要制定止损和止盈策略。这些策略允许交易者在价格达到预定的水平时自动卖出,无论是为了锁定利润还是为了限制潜在的损失。这种方法为交易者提供了一个明确的退出策略,以避免受到不可预见的市场变化的影响。

然而,鉴于市场的动态性,有时可能需要进行订单的调整。如果原始的订单未能在预期的时间内执行,或者市场条件有所变化,交易者可能需要考虑以一个新的、更有竞争力的价格重新下单。

最后,风险管理应该贯穿交易的每一个阶段(4.4节会详细分析)。确保每一笔交易或交易组合的风险都控制在可接受的范围内是至关重要的,这可能涉及调整杠杆、分散投资,或者使用衍生工具来对冲潜在的风险。

4.3 订单执行:买方策略、卖方策略与做市策略

在金融领域中,如何无影响地交易大量股票一直是个挑战。当说到"大量",意味着这些订单大到不能在单次交易中完全不影响市场价格。这种影响主要是由于交易的规模和频率。因此,执行这种"大型"订单通常需要精心策划。

直接交易大订单可能导致价格不利的波动。更策略性的方法是将大订单拆分成若干小订单,然后在一段时间内分步执行。这样,每个小订单都可以融入每日的常规交易中,从而减少对市场的冲击。但这也引发了一个问题:这些小订单的执行时间应如何选择,以使其既不过于急促,又能避免长时间的价格风险。

为了量化这些交易的效果,交易员引入了"执行成本"这一概念,即

理想交易价格与实际成交价格之间的差异。当执行成本为正时,说明实际成交价格不如理想交易价格,导致了价值损失。这个理想交易价格常被称为基准价格,它代表了没有市场摩擦的情况下的完美交易价格。通常,这个基准价格取下单时的资产价格,即最佳买卖价的平均值,也称为"到达价格"。基于此,执行成本也常被称为"滑点"或"价格影响"。

了解了这些基础后,我们将探讨针对买家、卖家和做市商的策略。需要注意的是,虽然买家和卖家常使用市价订单(MO)执行交易,但做市商因其业务性质,更倾向于使用限价订单(LO)。

4.3.1 买方策略的设计与实施(只有临时滑点)

买方的目标是在时间 T 之前购买 $\aleph$ 股($\aleph$ 是一个极大的数值)股票,起始时股票数量为0。虽然买方的目标是在时间 T 之前完成购买,但他也考虑了可能未达到这个目标的策略,即在时间 T 之前购买的股票数量少于 N。如果买方未能在时间 T 之前购买足够的股票,他必须为剩余的股票支付一个额外的罚款。这个罚款由参数 α 表示,包括在时间 T 时的执行成本及买方因执行交易而产生的其他额外罚款。

买方的市价订单会在订单簿中移动,因此他的执行价格由 $f(v) = kv$ 描述,其中 $k > 0$。买方的预期成本来自策略 v_t。为了获得最优的购买速度,我们同时需要对股票数量建模 $\mathrm{d}Q_t^v = v_t \mathrm{d}t$,$Q_0 = 0$。

通过 *Algorithmic and High-Frequency Trading*(Cartea、Jaimungal 和 Penalva 三位教授撰写的专著)一书中 6.4 节的数学模型,可以得到最优的执行速度为:

$$v_t^* = \frac{\aleph}{T + \frac{k}{\alpha}}$$

如果 $\alpha \to \infty$,其结果就是 TWAP 策略,即在一个特定的时间段内,按照时间加权平均价格执行订单。简单地说,如果你想在一天内买入 100 万股,TWAP 策略可能会在每个时间点均匀地分配购买量,以确保你的交易不会对市场价格产生太大的影响。

即便有临时滑点（意味着每次交易都可能会导致股价的短暂变动），我们仍旧试图找到一个最优的购买速度，以最小化因临时滑点导致的交易成本。只是在有临时滑点的策略中，执行速度可能会根据滑点的大小和其他参数进行调整，而不是简单地均匀分配。

下面以 2023 年 7 月 14 日的特斯拉（TSLA）股票每分钟数据为例，即每分钟可以通过 MO 执行一次，假设使用临时滑点的策略，执行如下 Python 代码。

```python
import yfinance as yf
import matplotlib.pyplot as plt
# 下载数据设置
def download_data(ticker, start_date, end_date):
    data = yf.download(ticker, start=start_date, end=end_date, interval="1m")
    return data
# 模拟最优买入策略
def optimal_acquisition(data, total_shares, k, alpha, temp_slippage):
    trading_duration = len(data)
    acquisition_speed = total_shares / (trading_duration+k/alpha)
    times = []
    stock_prices = []
    total_asset_values = []
    trading_speeds = []
    cumulative_shares_bought = []
    cumulative_shares = 0
    for time, row in data.iterrows():
        shares_to_buy = acquisition_speed
        cumulative_shares += shares_to_buy
        current_price = row['Close'] + temp_slippage * shares_to_buy
        stock_prices.append(current_price)
```

```python
            total_asset_values.append(current_price*
cumulative_shares)
        trading_speeds.append(acquisition_speed)
        cumulative_shares_bought.append(cumulative_shares)
        times.append(time)
    return trading_speeds
    # 绘图
    plt.figure(figsize=(15, 10))
    plt.subplot(2, 2, 1)
    plt.plot(times, stock_prices)
    plt.title("Stock Price")
    plt.xlabel("Time")
    plt.ylabel("Price")
    plt.subplot(2, 2, 2)
    plt.plot(times, total_asset_values)
    plt.title("Total Asset Value")
    plt.xlabel("Time")
    plt.ylabel("Value")
    plt.subplot(2, 2, 3)
    plt.plot(times, trading_speeds)
    plt.title("Optimal Trading Speed")
    plt.xlabel("Time")
    plt.ylabel("Trading Speed")
    plt.subplot(2, 2, 4)
    plt.plot(times, cumulative_shares_bought)
    plt.title("Cumulative Shares Bought")
    plt.xlabel("Time")
    plt.ylabel("Shares Bought")
    plt.tight_layout()
    plt.show()
# 参数设置
data = download_data("TSLA", "2023-07-14", "2023-07-15")
optimal_acquisition(data, 1000000, 0.001, 0.1)
```

假设 $k = 0.001$，$\alpha = 0.1$，得到的结果如图 4.8 和图 4.9 所示。

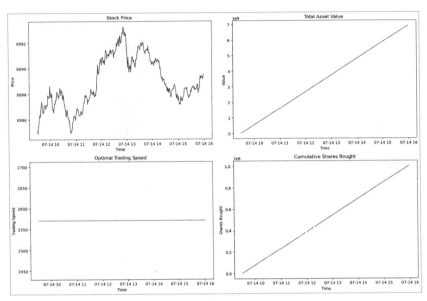

图 4.8　最优买方策略及股票购买路径

```
Optimal trading speed: 2564.04 shares per minute
```

图 4.9　最优买方策略每分钟购买股数

通过图 4.8 和图 4.9，最优的执行速度为每分钟购买 2564.04 股。

4.3.2　卖方策略的设计与实施（临时与永久滑点）

本小节将探讨卖方策略的设计与实施，特别是在考虑临时和永久滑点的情况下。我们考虑一个市场，其中卖方使用市价订单（MO）来卖出总共 $\aleph$ 股的股票，其交易对股价有临时或永久的影响。

中间价格的变动与漂移 $g(v_t)$ 有关，其中 $g(v_t) > 0$，这表示卖方的卖出交易对股价产生了永久的下行压力。执行价格与 $f(v_t)$ 有关，其中 $f(v_t) > 0$，这表示卖出交易有一个不利的临时影响。如果卖方的策略在终端日期 T 时仍有库存，则他必须执行一个 MO 以将 $\aleph$ 个股票都清空，

当次执行总收入为 $Sq - \alpha q^2$，其中 $\alpha \geq 0$ 是终端清算惩罚参数。这里对股票数量建模为 $dQ_t^v = -v_t dt$，$Q_0 = \aleph$。

卖方的目标是最小化执行成本。通过 *Algorithmic and High-Frequency Trading* 一书中 6.5 节的数学模型，可以得到最优的执行速度和最优库存路径为：

$$v_t^* = \gamma \frac{\zeta e^{\gamma(T-t)} + e^{-\gamma(T-t)}}{\zeta e^{\gamma(T-t)} - e^{-\gamma(T-t)}} Q_t^{v^*}$$

$$Q_t^{v^*} = \frac{\zeta e^{\gamma(T-t)} + e^{-\gamma(T-t)}}{\zeta e^{\gamma T} - e^{-\gamma T}} \aleph$$

其中：

$$\gamma = \sqrt{\frac{\phi}{k}}$$

$$\zeta = \frac{\alpha - \frac{1}{2}b + \sqrt{k\phi}}{\alpha - \frac{1}{2}b - \sqrt{k\phi}}$$

其中，k 为临时滑点系数，b 为永久滑点系数，ϕ 为库存惩罚参数。

这里的最优的执行速度与投资者当前的库存水平成正比，但现在的比例系数依赖时间的非线性变化。这意味着，随着时间的推移，卖方可能需要调整其执行速度以最大化其收益并最小化执行成本。

下面仍旧以 7 月 14 日的特斯拉（TSLA）股票作为标的，假设要出 20 万股特斯拉，另外临时滑点系数 $k = 0.001$，永久滑点系数 $b = 0.001$，$\alpha = 0.1$，$\phi = 0.01$，并假设该股票的波动率为 $\sigma = 30\%$，运行如下 Python 代码。

```
import yfinance as yf
import numpy as np
import matplotlib.pyplot as plt
# 下载特斯拉 7 月 14 日的数据
data = yf.download("TSLA", start="2023-07-14",
```

```python
end="2023-07-15", interval="1m")
prices = data['Close'].values
M = len(prices)   # 交易次数
# 设置参数
S0 = prices[0]
N = 200000  # 初始股票数量
T = 1
k = 1e-3
b = 1e-3
alpha = 0.1
phi = 0.01
sigma = 0.30
# 计算其他参数
gamma = np.sqrt(phi/k)
xi = (alpha-0.5*b+np.sqrt(k*phi)) / (alpha-0.5*b-
np.sqrt(k*phi))
tt = np.linspace(0, 1, M+1)
# 最优执行速度和库存过程
v = np.zeros(M+1)
q = np.zeros(M+1)
v[0] = 0
q[0] = N
for t in range(1, M+1):
    v[t] = gamma * (xi*np.exp(gamma*(T-tt[t-1]))+
np.exp(-gamma*(T-tt[t-1]))) / (xi*np.exp(gamma*
(T-tt[t-1]))-np.exp(-gamma*(T-tt[t-1]))) * q[t-1] * T/M
    q[t] = (xi*np.exp(gamma*(T-tt[t-1]))-np.exp(-gamma*
(T-tt[t-1]))) / (xi*np.exp(gamma*T)-np.exp(-gamma*T)) * N
# 股价模拟
S = np.zeros(M+1)
S[0] = S0
for t in range(1, M+1):
    S[t] = prices[t-1] - b * v[t] * T/M
```

```python
# 收入过程
R = np.zeros(M+1)
R[0] = 0
for t in range(1, M+1):
    R[t] = R[t-1] + (S[t]-k*v[t]) * v[t]
# 绘图
plt.figure(figsize=(15, 10))
plt.subplot(2, 2, 1)
plt.plot(tt, S, lw=1.5)
plt.title("Stock Price")
plt.xlabel("Time")
plt.ylabel("Price")
plt.subplot(2, 2, 2)
plt.plot(tt, R, lw=1.5)
plt.title("Revenue")
plt.xlabel("Time")
plt.ylabel("Value")
plt.subplot(2, 2, 3)
plt.plot(tt[1:], v[1:], lw=1.5)
plt.title("Optimal Trading Speed")
plt.xlabel("Time")
plt.ylabel("Trading Speed")
plt.subplot(2, 2, 4)
plt.plot(tt, q , lw=1.5)
plt.title("Optimal Inventory")
plt.xlabel("Time")
plt.ylabel("Remaining Shares")
plt.tight_layout()
plt.show()
```

这里我们计算了两个衍生参数 γ 和 ζ，它们是基于模型的公式和假设得出的。tt 是一个时间数组，从 0 到 1，代表交易的时间点，并使用循环来模拟最优的执行速度 v 和库存 q 随时间的变化。这是基于模型的公式和假设进行的，接着模拟了股价和收入的变化，最后绘制了相关的图表。

得到的结果如图 4.10 所示。

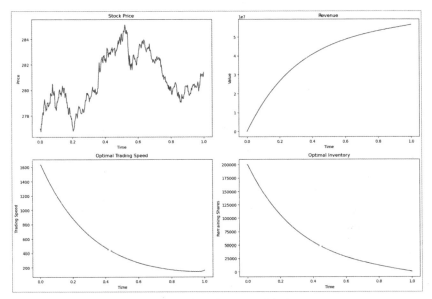

图 4.10　最优卖方策略及股票卖出路径

从图 4.10 中可知，最优的执行速度从大到小呈递减状态。

4.3.3　做市策略的设计与实施

做市策略是金融市场中的一种常见策略，做市商（Market Maker，MM）通常使用这种策略来提供流动性并从中获利。在这种策略中，做市商会在订单簿上发布买卖订单，试图从买卖价差中获利。因此，做市商主要使用限价订单（LO）来发布订单。限价订单是一个指定了特定价格的订单，只有当市场价格达到这个价格时，订单才会被执行。这与市价订单不同，市价订单是一个立即以当前市场价格执行的订单。

通过 *Algorithmic and High-Frequency Trading* 一书中 10.2 节的数学模型，可以得到最优的反馈深度为：

$$\delta^{+,*}(t,q) = \frac{1}{\kappa^+} - h(t,q-1) + h(t,q), \quad q \neq \underline{q}$$

$$\delta^{-,*}(t,q) = \frac{1}{\kappa^-} - h(t,q+1) + h(t,q), \quad q \neq \overline{q}$$

下面生成一个随机的中间价格路径,使用上述公式计算做市商的买点和卖点。可以执行如下 Python 代码。

```python
import numpy as np
import matplotlib.pyplot as plt
# 随机生成中间价格路径
np.random.seed(0)
times = np.linspace(9.5, 16, 390)
                            # 从9:30到16:00,每分钟一个数据点
mid_prices = np.cumsum(np.random.randn(390)*0.1) + 100
# 这里我们简化地假设买点和卖点是基于某种固定的策略确定的
buy_points = mid_prices - 0.2
sell_points = mid_prices + 0.2
# 绘制图形
plt.figure(figsize=(10, 6))
plt.plot(times, mid_prices, label='Mid Price',
color='black')
plt.scatter(times, buy_points, label='Buy Points',
color='green', marker='^')
plt.scatter(times, sell_points, label='Sell Points',
color='orange', marker='v')
plt.legend()
plt.title("Market Making Strategy")
plt.xlabel("Time")
plt.ylabel("Price")
plt.show()
```

这里我们简单地将和 $\delta^{-,*}(t,q)$ 设置为 0.2。得到的结果如图 4.11 所示。

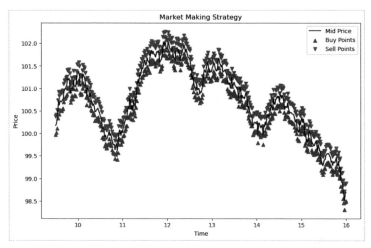

图 4.11　最优做市策略

假设做市商在限价订单上的订单能够完全执行，我们计算其收益率。

```
# 假设做市商在每个时间点买入或卖出一个单位的资产
quantity = 1
# 计算总投资和总收入
total_investment = np.sum(buy_points) * quantity
total_revenue = np.sum(sell_points) * quantity
# 计算收益率
return_rate = (total_revenue-total_investment) / total_investment
print(f" Return of Market Makeing Stratigies: {return_rate:.2%}")
```

得到的结果如图 4.12 所示。

Return of Market Making Stratigies: 0.40%

图 4.12　最优做市策略的收益率

从图 4.12 中可知，当天收益率为 0.40%，但在实际交易中，限价订单可能不会完全执行，特别是在流动性较差的市场中。

4.4 风险管理：风险度量、预测与控制

在算法交易中，风险管理占据了核心的位置。为了最大化投资策略的收益，必须进行精准的风险度量、预测和控制。这可以帮助交易者降低不必要的损失，同时保持策略的有效性。

4.4.1 风险度量

风险度量为交易者提供了一个量化的方式来评估投资组合的潜在损失。

（1）标准差（Standard Deviation）：标准差是衡量投资组合收益波动性的基础工具，它可以被视为波动率的表示。一个较高的标准差表示投资组合的收益更加波动，因此风险更高。其数学公式为：

$$\sigma = \sqrt{\frac{1}{N}\sum_{i=1}^{N}(r_i - \bar{r})^2}$$

其中，σ 为标准差，r_i 为每期收益，$\bar{r}$ 为平均收益，N 为总期数。

（2）价值风险（Value at Risk，VaR）：VaR 度量的是在给定的置信水平下，投资组合在未来特定时间内可能遭受的最大亏损。其数学公式为：

$$VaR_\alpha = -(\mu - \sigma Z_\alpha)$$

其中，μ 为期望收益，σ 为标准差，Z_α 为正态分布的 α 分位数。

（3）条件价值风险（Conditional Value at Risk，CVaR）：与 VaR 相比，CVaR 提供了更为全面的风险评估，它考虑的是最坏情况下的平均亏损。其数学公式为：

$$CVaR_\alpha = -\frac{1}{\alpha}\int_0^\alpha VaR_u \, du$$

当观察金融时间序列数据，特别是股票收益时，你会发现一个常见的特性：大的变化倾向于被大的变化所跟随，而小的变化倾向于被小的变化所跟随。这种现象称为波动性聚集。通过 Python，使用滑动窗口来计算滚动的标准差可以帮助可视化这种效应。

```
import yfinance as yf
import numpy as np
```

```python
from scipy.stats import norm
import matplotlib.pyplot as plt
# 下载数据
data = yf.download('AAPL', start='2022-01-01',
end='2023-07-01')
# 计算日收益
returns = data['Close'].pct_change().dropna()
# 标准差(波动率)
daily_volatility = returns.std()
annual_volatility = daily_volatility * np.sqrt(252)
print(f"Annual Volatility (Standard Deviation): {annual_
volatility*100:.2f}%")
# 95%置信水平的VaR
alpha = 0.05
daily_VaR_95 = -(returns.mean()-returns.std()*
norm.ppf(alpha))
annual_VaR_95 = daily_VaR_95 * np.sqrt(252)
print(f"Annual 95% VaR: {annual_VaR_95*100:.2f}%")
# 95%置信水平的CVaR
losses = sorted(returns)
daily_cVar_95 = -np.mean(losses[:int(alpha*len(losses))])
annual_cVar_95 = daily_cVar_95 * np.sqrt(252)
print(f"Annual 95% CVaR: {annual_cVar_95*100:.2f}%")
# 可视化波动性聚集
rolling_volatility = returns.rolling(window=20).std() *
np.sqrt(252)  # Annualized rolling volatility
returns.plot(title="AAPL Daily Returns", alpha=0.5)
rolling_volatility.plot(title="AAPL 20-day Rolling
Annualized Volatility")
plt.legend(["Returns", "Rolling Volatility"])
plt.show()
```

得到的结果如图 4.13 和图 4.14 所示。

```
Annual Volatility (Standard Deviation): 31.82%
Annual 95% VaR: 52.93%
Annual 95% CVaR: 68.36%
```

图 4.13　苹果公司的风险度量

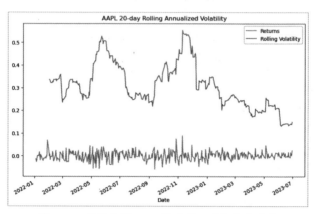

图 4.14　苹果公司 20 日滑动窗口的年化波动率

从图 4.13 中可以发现，苹果（AAPL）股票的年化波动率为 31.82%。这是一个衡量资产收益波动性的指标。一个 31.82% 的年化波动率意味着，基于过去的数据，苹果股票预期在大约 68% 的时间内（一个标准差范围内），年收益率将在均值上下波动 31.82%。这告诉我们在这个时期，苹果股票有一定的价格波动，但相对于某些高风险股票（例如，新兴科技股或小市值股票）来说，这个波动性可能还是相对较低的。通过 VaR 可以得知，在最坏的 5% 的情况下，苹果（AAPL）股票预计在未来一年内可能会下跌 52.93%。换句话说，有 5% 的概率，苹果股票在接下来的一年中的损失将超过 52.93%。通过 CVaR 可以得知，苹果（AAPL）股票的平均损失为 68.36%。这意味着如果苹果股票真的进入那最坏的 5% 的情境中，预期的平均损失将为 68.36%。与 VaR 相比，CVaR 提供了对极端损失的更深入的分析，因为它考虑的是最坏情况下的平均值，而不仅仅是潜在的最大损失。

通过图 4.14 可以得知，2023 年 7 月初苹果公司 20 日滑动窗口的年化波动率处于一个相对低值，而在 2022 年 6 月及 12 月左右都出现了高波动率集群效应,其 20 日滑动窗口的年化波动率一度超过 50%。

4.4.2 风险预测

风险预测旨在评估未来一段时间内的潜在风险,以便投资者可以做出明智的投资决策。

(1)历史模拟法:历史模拟法是一种非参数方法,通过直接观察过去的数据来估计未来的风险。

$$\text{VaR}_\alpha = -q_\alpha(R)$$

其中,$q_\alpha(R)$ 为历史收益的 α 分位数。这种方法的主要优点是它简单且不需要对收益分布做任何假设,但主要缺点是它完全基于历史数据,可能不考虑未来的"黑天鹅"事件。

(2)方差-协方差法:方差-协方差法假设资产收益率服从正态分布。通过这一假设,我们可以使用收益的均值和标准差来预测 VaR。

$$\text{VaR}_\alpha = \mu - Z_\alpha \cdot \sigma$$

其中,μ 为预期收益率,Z_α 为 α 置信水平下的正态分布 Z 值,σ 为收益率的标准差。这种方法的主要优点是它简单明了,但主要缺点是它基于正态分布假设,可能无法捕捉尾部风险。

(3)蒙特卡罗模拟法:蒙特卡罗模拟法是一种通过模拟未来可能的资产价格路径来估计风险的方法。它涉及随机模拟资产价格或收益的路径,然后从这些模拟中提取风险度量。这种方法的主要优点是它可以考虑更复杂的风险分布和市场条件,但主要缺点是计算密集,尤其是对于复杂的金融工具。

通过 Python 可以得到每种风险预测方法的具体 VaR 数值。

```
import yfinance as yf
import numpy as np
import pandas as pd
# 下载数据
data = yf.download("AAPL", start="2022-01-01",
end="2023-07-01")['Close']
```

```python
# 计算日收益率
returns = data.pct_change().dropna()
# 历史模拟法
historical_var = -np.percentile(returns, 5)
# 方差-协方差法
mu = returns.mean()
sigma = returns.std()
var_covar_var = -(mu-1.645*sigma)
                        # 1.645对应于正态分布的5%分位数
# 蒙特卡罗模拟法
np.random.seed(42)
dt = 1/252  # 假设一年有252个交易日
sim_returns = [returns.iloc[np.random.
randint(len(returns))] + np.random.normal(mu*dt,
sigma*np.sqrt(dt)) for _ in range(252000)]
sim_returns = np.array(sim_returns).reshape(1000, 252)
sim_vars = np.percentile(sim_returns, 5, axis=1)
monte_carlo_var = -np.percentile(sim_vars, 5)
# 打印结果
print(f"VaR from Historical Simulation: {historical_var:.2%}")
print(f"VaR from Variance-Covariance: {var_covar_var:.2%}")
print(f"VaR from Monte Carlo Simulation: {monte_carlo_var:.2%}")
```

得到的结果如图4.15所示。

```
VaR from Historical Simulation: 3.32%
VaR from Variance-Covariance: 3.26%
VaR from Monte Carlo Simulation: 3.77%
```

图4.15 苹果公司的风险预测

通过图4.15可以得知，根据过去的历史数据，我们可以预期，在未来的某一天，苹果股票有5%的概率会下跌超过3.32%；基于正态分布的假设，苹果股票有5%的概率会在未来的某一天下跌超过3.26%；而根据随机模拟的结果，苹果股票有 5% 的概率会在未来的某一天下跌超过 3.77%。

总体来看，这 3 种方法都提供了关于苹果公司未来可能面临的风险的估计。需要注意的是，任何风险估计都是基于某些假设的，所以在实际应用中，投资者应该考虑多种方法和其他相关信息来做出决策。

4.4.3 风险控制

为了在投资管理中保护资本并最大化收益，风险控制显得至关重要。以下简述了几种主要的风险控制策略及其操作方法。

（1）多元化投资：这是投资组合管理的核心原则，其目标是在各种资产、行业或地域之间分散投资以减轻风险。例如，多元化股票组合可能涵盖技术、医疗、消费和工业等众多领域。为了抵御特定资产的价格下跌风险，投资者可以同时投资美国、欧洲和亚洲的股票，以及各种资产类别，如股票、债券和商品。

（2）对冲策略：该策略旨在通过减轻某一投资的可能损失来补偿另一投资的潜在损失，常通过金融衍生品如期权和期货来实现。例如，若担心美元贬值，投资者或许会购买黄金或其他货币作为对冲，因为这些资产在美元下跌时通常会升值。

（3）风险预算：该方法设定了投资组合的最大可接受风险界限。通过风险模型和历史数据预测风险，并据此调整投资组合。如果投资组合的 VaR 超出预设的风险预算，投资者可能会考虑削减一些高风险资产或增加某些与其他资产具有负相关性的资产。

（4）动态风险调整：这是一种根据市场变化和风险预测动态调整投资策略的持续过程。可采用算法或自动化交易系统实时监控市场，并依据既定规则进行投资组合的自动调整。例如，在预测市场有进一步下跌的风险时，系统可能会降低股票持仓，选择更为稳妥的债券或现金。

在投资实践中，为了实现风险与收益之间的最佳平衡，投资者和基金经理常综合运用上述策略。

4.5 资金管理：投资组合优化与资产配置

在投资的宏观领域中，我们不仅要关心单个资产的收益和风险，更要考虑整个投资组合的综合表现。这涉及如何选择和配置各类资产，以达到既定的风险和收益目标。本节将探讨投资组合优化的核心理论、资产配置的主要策略及资金管理的实际操作方法。我们还会使用Python的传统库来展示相关的实践操作。

4.5.1 投资组合优化的理论与方法

投资组合优化是一种量化方法，旨在选择最佳的资产组合，以在给定的风险水平下获得最大的预期收益，或者在给定的收益目标下降低风险。Harry Markowitz在1952年首次提出了现代投资组合理论（Modern Portfolio Theory，MPT），该理论描述了资产收益与风险之间的权衡。其常用的方法有两种。

（1）全局最小方差投资组合（Global Minimum Variance Portfolio，GMVP）：GMVP是找到一个投资组合，它具有所有可能投资组合中的最小方差。为了找到这样的组合，我们需要解决一个二次规划问题。其目标函数是最小化投资组合的方差，同时满足投资组合权重之和为1。预期方差最小的投资组合与预期收益无关，它位于有效前沿的最左侧。其数学模型为：

$$\min_w \boldsymbol{w}^\mathrm{T} \boldsymbol{C} \boldsymbol{w}, \quad \sum w_i = 1$$

（2）最大夏普比率投资组合（Maximum Sharpe Ratio Portfolio，MSRP）：MSRP是找到一个投资组合，它具有最高的夏普比率。夏普比率是超过无风险率的预期收益与其总风险（标准差）之间的比率。与GMVP相同，找到MSRP也需要解决一个优化问题，但这次的目标是最大化投资组合的夏普比率，称为切线投资组合，它是风险调整后预期收益率最高的投资组合。夏普比率为 $\dfrac{E(R_p) - R_f}{\sigma_p}$。其中，$E(R_p)$为投资组合的预期收益，$R_f$为无风险利率，$\sigma_p$为投资组合的标准差。其数学模型为：

$$\max_w \frac{w^T r - R_f}{\sqrt{w^T C w}}, \quad \sum w_i = 1$$

我们假设无风险利率为2%，即 $R_f = 0.02$，通过Python，我们可以首先下载苹果（AAPL）、亚马逊（AMZN）、谷歌（GOOGL）、微软（MSFT）、脸书（META）、英伟达（NVDA）、特斯拉（TSLA）七只股票从2022年1月1日至2023年1月1日的数据，通过两个投资组合方法得到不同的投资比率，然后将两个投资组合与仅持有S&P 500指数ETF在2023年1月1日至2023年4月1日，即第一季度Q1的收益进行对比，注意，这里我们用的是每日复合收益率，即每天都会将收益平仓然后再投资。

```python
import numpy as np
import pandas as pd
import yfinance as yf
import matplotlib.pyplot as plt
stocks = ['AAPL', 'AMZN', 'GOOGL', 'MSFT', 'META',
'NVDA', 'TSLA']
data = yf.download(stocks, start="2022-01-01",
end="2023-01-01")['Close']
returns = data.pct_change().dropna()
cov_matrix = returns.cov()
expected_returns = returns.mean()
# 下载S&P 500数据作为基准
sp500 = yf.download('^GSPC', start="2023-01-01", end="2023-04-01")['Close']
sp500_returns = sp500.pct_change().dropna()
# 计算GMVP权重
from scipy.optimize import minimize
def minimize_volatility(weights):
    return np.dot(weights.T, np.dot(cov_matrix, weights))
initial_weights = [1./len(stocks)] * len(stocks)
constraints = ({'type': 'eq', 'fun': lambda weights: np.sum(weights)-1})
```

```python
bounds = tuple((0, 1) for asset in range(len(expected_returns)))
solution = minimize(minimize_volatility, initial_weights, method='SLSQP', bounds=bounds, constraints=constraints)
gmvp_weights = solution.x
# 计算 MSRP 权重
Rf = 0.02
def negative_sharpe_ratio(weights):
    portfolio_return = np.dot(expected_returns, weights)
    portfolio_vol = np.sqrt(np.dot(weights.T, np.dot(cov_matrix, weights)))
    return -(portfolio_return-Rf) / portfolio_vol
solution = minimize(negative_sharpe_ratio, initial_weights, method='SLSQP', bounds=bounds, constraints=constraints)
msrp_weights = solution.x
# 计算 2023 年的投资组合和 S&P 500 的日收益率
data_2023 = yf.download(stocks, start="2023-01-01", end="2023-04-01")['Close']
returns_2023 = data_2023.pct_change().dropna()
gmvp_returns_2023 = np.dot(returns_2023, gmvp_weights)
msrp_returns_2023 = np.dot(returns_2023, msrp_weights)

print(f"GMVP 1Q 2023 Returns: {np.sum(gmvp_returns_2023):.2%}")
print(f"MSRP 1Q 2023 Returns: {np.sum(msrp_returns_2023):.2%}")
print(f"S&P 500 1Q 2023 Returns: {sp500_returns.sum():.2%}")

# 计算 2023 年的累积收益率
cumulative_gmvp_returns = (1+gmvp_returns_2023).cumprod()
cumulative_msrp_returns = (1+msrp_returns_2023).cumprod()
cumulative_sp500_returns = (1+sp500_returns).cumprod()
```

```
# 对齐时间轴以进行绘图
all_returns = pd.DataFrame({
    "GMVP Portfolio": cumulative_gmvp_returns,
    "MSRP Portfolio": cumulative_msrp_returns,
    "S&P 500": cumulative_sp500_returns
})
plt.figure(figsize=(12, 6))
all_returns.plot(ax=plt.gca())
plt.title("Performance Comparison in 1Q 2023")
plt.xlabel("Date")
plt.ylabel("Cumulative Returns")
plt.legend()
plt.grid(True)
plt.show()
```

得到的结果如图 4.16 和图 4.17 所示。

```
GMVP 1Q 2023 Returns: 40.40%
MSRP 1Q 2023 Returns: 70.11%
S&P 500 1Q 2023 Returns: 7.54%
```

图 4.16 2023 年 Q1 不同方法投资组合与 S&P 500 指数 ETF 收益率的数值

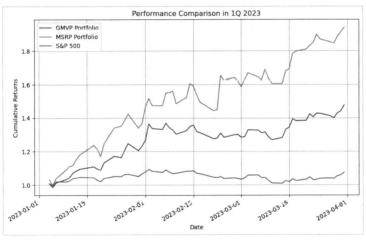

图 4.17 2023 年 Q1 不同方法投资组合与 S&P 500 指数 ETF 收益率的对比

图 4.16 表示在 2023 年第一季度，使用 GMVP 策略得到的投资收益率是 40.40%，这表明，尽管该策略的目标是降低风险，但在这一期间，它产生了相当高的收益；使用 MSRP 策略得到的投资收益率是 70.11%。MSRP 的目标是最大化单位风险下的预期收益，即最大化投资组合的夏普比率。夏普比率是超出无风险率的预期收益与投资组合的标准差之比。超过 70% 的收益率表明该策略在这段时间非常成功，为投资者带来了出色的收益。

从图 4.17 中可知，单独持有 S&P 500 指数 ETF 的投资收益率是 7.54%。S&P 500 指数是一个经常被用作美国大型股市场的基准的股票市场指数。与 GMVP 和 MSRP 相比，这个收益率显然要低得多。这意味着，投资者通过使用 GMVP 或 MSRP 策略，实现了显著超越市场平均水平的投资收益。MSRP 在这段时间内的表现尤其出色，收益率超过了 70%。这些策略可能因为能够有效地选择和权衡股票，使其在这段时间内超过了市场平均水平。不过，需要注意的是，这些收益可能与特定的市场条件和选择的股票有关，而且历史收益并不能保证未来的表现。

4.5.2　基于 Transformer 模型的资产配置的策略与实施

通常情况下，当我们谈论投资组合优化时，指的是在某一特定时刻同时持有多个资产，这样的多元化策略可以帮助分散特定资产的风险。但另一个不那么常被关注的方法是时间多元化，这意味着在不同的时间段内，投资者会持有不同的股票。例如，投资者可能在第一个月持有某一股票，然后在下一个月切换到另一股票。这种策略基于的理念是，通过时序的调整和策略的转换，投资者可以从市场的不同阶段中获益，同时降低由于长期持有单一股票所带来的潜在风险。这样的方法强调了不仅要关注资产的组合，还要关注资产的持有时长和交易策略，以确保在不断变化的市场环境中获得最佳的投资效果。

下面我们就来介绍如何通过 Transformer 模型（BERT）来寻找投资机会。首先在选定一个合适的样本范围后，可以开始我们的迭代过程，从 2023 年 1 月 1 日开始，每次迭代都代表一个交易周，计算该周的结束日期（通常为星期五）。如果星期五是非交易日，则选择下一个交易日。然后通过使用BERT模型预测每只股票的下周收盘价。为此，我们需要输入模型中的是过去七天的标准化收盘价，并基于预测的涨幅选择涨幅预计最大的股票作为下一周的投资标的。最后使用实际的开盘价和收盘价来计算该股票在那一周的实际收益率，再更新累积收益。在新的一周开始后，我们会持续这样的循环，并使用最新的数据更新BERT模型，直至输出2023年4月1日之前的累积收益。

这里我们重新回顾一下Transformer模型，其中包括了诸如BERT、GPT等，已经在各种NLP中取得了出色的成果（3.7节已经介绍）。其关键特性——自注意力机制，使模型能够捕获时间序列数据中长期的、复杂的依赖关系，这也为金融时间序列分析提供了可能。这在处理时间序列数据时尤其有用，因为它允许模型在不同的时间点上捕获相互关系。自注意力机制的数学表达式为：

$$\text{Attention}(Q, K, V) = \text{Softmax}\left(\frac{QK^{\mathrm{T}}}{\sqrt{d_k}}\right)V$$

其中，Q、K和V分别代表查询（Query）矩阵、键（Key）矩阵和值（Value）矩阵。这3个矩阵都是输入数据的线性转换。注意力得分通过查询矩阵和键矩阵之间的点积计算得出，然后使用Softmax函数进行归一化。最后，归一化的得分与值矩阵相乘，得到输出。

按照上述每周进行投资并在每周末平仓的策略，我们需要按周分割数据，并对每个子集的数据执行策略，需要执行的Python代码如下。

```python
import yfinance as yf
import pandas as pd
import numpy as np
from datetime import datetime, timedelta
import tensorflow as tf
from transformers import BertTokenizer, TFBertForSequenceClassification
from sklearn.preprocessing import MinMaxScaler
```

```python
from sklearn.model_selection import train_test_split
# 下载股票数据
tickers = ["AAPL", "AMZN", "GOOGL", "MSFT", "META", "NVDA", "TSLA"]
start_date = "2022-12-26"  # 开始日期修改为 2022-12-26,
                            # 以便预测 2023-01-02 的最佳股票
end_date = "2023-04-01"
data = yf.download(tickers, start=start_date, end=end_date)['Adj Close']
# 数据预处理
scaler = MinMaxScaler()
scaled_data = {}
for ticker in tickers:
    scaled_data[ticker] = pd.DataFrame()
    scaled_data[ticker]["Scaled_Close"] = scaler.fit_transform(data[[ticker]])[:, 0]
# 初始化 BERT 模型和 tokenizer
tokenizer = BertTokenizer.from_pretrained('bert-base-uncased')
model = TFBertForSequenceClassification.from_pretrained('bert-base-uncased', num_labels=1)
optimizer = tf.keras.optimizers.Adam(learning_rate=5e-5)
loss = tf.keras.losses.MeanSquaredError()
model.compile(optimizer=optimizer, loss=loss)
weekly_returns = {}
selected_stocks = {}
cumulative_return = 1
current_date = datetime.strptime("2023-01-02", '%Y-%m-%d')
                            # 从 2023 年 1 月 2 日开始
while current_date < datetime.strptime(end_date, '%Y-%m-%d'):
    week_start = current_date
    week_end = current_date + timedelta(days=4)  # 星期五的日期
    # 如果星期五是非交易日,使用下一个交易日的数据
    while week_end.strftime('%Y-%m-%d') not in data.index and week_end < datetime.strptime(end_date, '%Y-%m-%d'):
```

```
        week_end += timedelta(days=1)
    if week_end >= datetime.strptime(end_date, '%Y-%m-%d'):
        break
    # 如果星期五是非交易日,使用下一个交易日的数据
    while week_end.strftime('%Y-%m-%d') not in data.index:
        week_end += timedelta(days=1)
    # 为每一只股票预测下周的收盘价
    predicted_returns = {}
    for ticker, df in scaled_data.items():
        if len(df) >= 8:   # 至少需要 8 天的数据
            X_pred = tokenizer(" ".join(df["Scaled_
Close"].iloc[-7:].astype(str).tolist()), padding=True,
truncation=True, return_tensors="tf", max_length=8)
["input_ids"].numpy()
            predicted_close = model.predict(X_pred)
            predicted_logits = model.predict(X_pred).logits
            predicted_close = predicted_logits[0][0]
                                     # 提取第一个预测值
            predicted_returns[ticker] = (predicted_close-
df["Scaled_Close"].iloc[-1]) / df["Scaled_Close"].iloc[-1]
    # 选择预测涨幅最大的股票
    best_ticker = max(predicted_returns,
key=predicted_returns.get)
    selected_stocks[week_start] = best_ticker
    # 计算实际收益率
    week_dates = pd.date_range(week_start, week_end)
    valid_dates = [date for date in week_dates if date.
strftime('%Y-%m-%d') in data.index]
    actual_open = data[best_ticker].loc[valid_dates[0].
strftime('%Y-%m-%d')] if valid_dates else None
    actual_close = data[best_ticker].loc[valid_dates[-1].
strftime('%Y-%m-%d')] if valid_dates else None
    weekly_return = actual_close / actual_open if
actual_open and actual_close else 1.0
```

```python
        weekly_returns[week_end] = weekly_return
        if weekly_return is not None:
            cumulative_return *= weekly_return
        # 更新数据和模型
        X, Y = [], []
        for _, df in scaled_data.items():
            for i in range(7, len(df)):
                X.append(" ".join(df["Scaled_Close"].iloc[i-7:i].astype(str).tolist()))
                Y.append(df["Scaled_Close"].iloc[i])
        X = tokenizer(X, padding=True, truncation=True, return_tensors="tf", max_length=8)["input_ids"].numpy()
        Y = np.array(Y)
        model.fit(X, Y, epochs=3, batch_size=8, verbose=0)
        # 移至下一个星期一
        current_date += timedelta(days=7)
print(f"Cumulative return until 2023-04-01: {cumulative_return - 1:.2%}")
```

得到的结果如图 4.18 所示。

从图 4.18 中可知，从 2023 年 1 月 1 日至 2023 年 4 月 1 日这段时间内，投资组合的累计收益率为 40.61%。这个结果略高于 GMVP，低于 MSRP。如果需要知道每周投资哪只个股，我们可以显示输出"selected_stocks"，如图 4.19 所示。

从图 4.19 中可以看出，在 2023 年 1 月 2 日，META 被预测为那周表现最佳的股票。在 2023 年 1 月 9 日，AMZN 被预测为那周表现最佳的股票。从 2023 年 1 月 16

```
Cumulative return until 2023-04-01: 40.61%
```

图 4.18　2023 年 Q1 基于 Transformer 的投资组合收益率的数值

```
{datetime.datetime(2023, 1, 2, 0, 0): 'META',
 datetime.datetime(2023, 1, 9, 0, 0): 'AMZN',
 datetime.datetime(2023, 1, 16, 0, 0): 'GOOGL',
 datetime.datetime(2023, 1, 23, 0, 0): 'GOOGL',
 datetime.datetime(2023, 1, 30, 0, 0): 'GOOGL',
 datetime.datetime(2023, 2, 6, 0, 0): 'GOOGL',
 datetime.datetime(2023, 2, 13, 0, 0): 'GOOGL',
 datetime.datetime(2023, 2, 20, 0, 0): 'GOOGL',
 datetime.datetime(2023, 2, 27, 0, 0): 'GOOGL',
 datetime.datetime(2023, 3, 6, 0, 0): 'GOOGL',
 datetime.datetime(2023, 3, 13, 0, 0): 'GOOGL',
 datetime.datetime(2023, 3, 20, 0, 0): 'GOOGL',
 datetime.datetime(2023, 3, 27, 0, 0): 'GOOGL'}
```

图 4.19　2023 年 Q1 基于 Transformer 的投资组合每周选择投资的股票

日开始，连续多周，GOOGL（Alphabet，Google 的母公司）都被预测为表现最佳的股票，直到 2023 年 3 月 27 日。这可能意味着，在大部分时间里，模型预测认为 Alphabet（GOOGL）的股票会有最佳的周收益表现。

然后，我们需要结算 S&P 500 的每周收益率，以保证对 S&P 500 指数 ETF 的投资是按照每周平仓的来进行对比。

```
start_date = "2023-01-01"
end_date = "2023-04-01"
snp500_data = yf.download("^GSPC", start=start_date, end=end_date)
from datetime import datetime, timedelta
start_date = datetime(2023, 1, 2)
end_date = datetime(2023, 7, 1)
date_ranges = []
current_date = start_date
while current_date < end_date:
    week_start = current_date
    week_end = week_start + timedelta(days=4)
                # Assuming Friday is the end of the week
    date_ranges.append((week_start, week_end))
    current_date += timedelta(days=7)
# 将数据的索引（日期）转为 datetime 格式，确保后续处理时它是日期格式
snp500_data.index = pd.to_datetime(snp500_data.index)
snp500_weekly_returns = {}
for week_start, week_end in date_ranges:
    # 检查开始日期是否在数据中，如果不在，则尝试后续日期
    while week_start not in snp500_data.index and week_start < week_end:
        week_start += timedelta(days=1)
    # 检查结束日期是否在数据中，如果不在，则尝试之前的日期
    while week_end not in snp500_data.index and week_end > week_start:
        week_end -= timedelta(days=1)
    if week_start in snp500_data.index and week_end in
```

```
snp500_data.index:
        open_price = snp500_data.loc[week_start]['Open']
        close_price = snp500_data.loc[week_end]['Close']
        snp500_weekly_returns[week_end] = (close_price-
open_price) / open_price
# 计算累计收益率
cumulative_returns_sp500 = [(1+return_val) for return_val
in snp500_weekly_returns.values()]
for i in range(1, len(cumulative_returns_sp500)):
    cumulative_returns_sp500[i] *= cumulative_returns_
sp500[i-1]
cumulative_returns_sp500.insert(0, 1)   # 为了使图的起始点为1
```

最后,我们将两个累计收益率进行作图对比。

```
import matplotlib.pyplot as plt
# 使用之前的代码得到你的策略的每周收益率: weekly_returns
# 使用之前的代码得到S&P 500的每周收益率: snp500_weekly_returns
dates = list(weekly_returns.keys())
# 计算累计收益率
cumulative_returns = [1]
for date in sorted(weekly_returns.keys()):
    cumulative_returns.append(cumulative_returns[-1]*
weekly_returns[date])
dates = list(sorted(weekly_returns.keys()))
dates.insert(0, dates[0]-timedelta(days=7))
                            # 为了使图的起始点为1
plt.figure(figsize=(10, 6))
plt.plot(dates, cumulative_returns, label="Strategy")
plt.plot(dates, cumulative_returns_sp500, label="S&P 500")
plt.legend()
plt.title("Weekly Returns: Strategy vs S&P 500")
plt.xlabel("Date")
plt.ylabel("Weekly Return")
```

```
plt.grid(True)
plt.show()
```

得到的结果如图 4.20 所示。

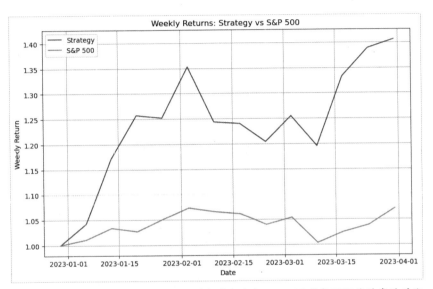

图 4.20　2023 年 Q1 基于 Transformer 的投资组合与 S&P 500 指数 ETF 收益率的对比

从图 4.20 中可以看出，基于 Transformer 的策略在 2023 年第一季度为投资者带来了超过 40% 的收益，而投资 S&P 500 指数 ETF 按周平仓收益率小于 10%。

4.5.3　使用 GPT-4 的代码解释器来解释做市策略

GPT-4 的代码解释器（Code Interpreter）功能是人工智能与人类互动中的里程碑。它不仅能够模仿人类的方式来理解和执行各种编程语言，如 Python 和 JavaScript 等的代码，而且为用户调试和测试提供了巨大的便利。此功能的深入之处在于它可以基于自然语言提示为用户生成代码，这种创新成功地连接了技术型和非技术型用户，打破了传统的交互界限。对于希望深入理解或学习新编程语言的人，它还能对代码行为进行解释，成为一个强大的学习工具。此外,其安全地执行代码的特点为编程新手和专家提供了一个无风险的学习和实验平台。这一功能不仅彰显了AI和机器学习的迅猛发展,更预示了在我们的数字创新旅程中,AI将从工具转变为真正的合作伙伴。

这里我们展示的例子使用了Python代码,该Python Jupyter Notebook文件来自于GitHub,这是一个针对*Algorithmic and High-Frequency Trading*一书中10.4.2小节的模型Python代码。首先单击"GPT-4"按钮,选择"Code Interpreter"选项,如图4.21所示。

图 4.21　ChatGPT 的 Code Interpreter

单击左下角的加号上传两个.ipynb(short_term_alpha和shot_term_alpha_helper)文件,并询问ChatGPT。

> 详细解释一下这两个代码文件的用途,并告知如何使用。

ChatGPT:
首先,我会打开和阅读这两个Jupyter笔记本文件来了解它们的内容和用途。我将从 short_term_alpha.ipynb 开始。

Finished working Show work

short_term_alpha.ipynb概述

标题：Market Making at the Touch with Short-Term Alpha (Chap 10.4.2)

简介：这个Jupyter笔记本实现了当交易员有一个他们愿意支付的资产的最高价格时的最佳收购策略。该理论在 *Algorithmic and High-Frequency Trading* 的7.2节中有所描述。

笔记本内容涉及以下几个方面。

理论背景：描述了资产的中间价格（Midprice）模型，这个模型考虑了长期和短期预测的漂移。此外，还讨论了交易员在交易所中的最佳出价和要价策略，以及这个策略如何考虑短期Alpha（短期的预测漂移）。

代码部分：首先导入了必要的库，并从shot_term_alpha_helpers导入了一些辅助函数。然后定义了模型参数，并使用这些参数来解决DPE（差分方程）。最后生成了关于最优出价和要价的数据。

结果展示：虽然在我们提供的摘要中没有详细描述，但从提供的内容来看，它们可能在后面的部分展示了一些模拟或计算结果。

为了更全面地了解，我将继续查看shot_term_alpha_helpers.ipynb的内容。

Finished working Show work

shot_term_alpha_helpers.ipynb概述

这个Jupyter笔记本包含了short_term_alpha.ipynb需要的辅助函数和类。以下是主要内容的简要描述。

导入库：与short_term_alpha.ipynb类似，该笔记本首先导入了一些必要的库。

ShortTermAlpha类：这个类为Alpha进程（可能是某种随机过程）提供了各种常数。它可以生成dalpha和alpha，这二者都是模型中的关键参数。

辅助函数如下。

- counter：显示DPE解决过程中的进度。
- nan_to_num：将NumPy数组中的NaN值更改为所需值。
- linear_extrapolation：用于线性外推和内插。
- 还有其他一些函数，帮助处理和模拟数据。

模拟函数：这些函数允许用户模拟某些市场动态，如订单、库存、价格等。特别的是，simulate_liquidity_taking_strategy函数似乎是用于模拟流动性获取策略的。

使用方法如下。

导入两个Jupyter笔记本：首先需要确保shot_term_alpha_helpers.ipynb和short_term_alpha.ipynb都已导入你的Jupyter环境中。

设置参数并运行模拟：short_term_alpha.ipynb中定义了一些模型参数，你可以根据需要调整这些参数。然后运行笔记本，它将使用shot_term_alpha_helpers.ipynb中定义的函数和类来执行计算和模拟。

查看结果：short_term_alpha.ipynb很可能在其后面的部分中展示了模拟和计算的结果。请确保完整地运行笔记本以查看所有的输出和图形。

总之，这两个文件联合提供了一个框架，允许用户模拟和研究市场制造策略，特别是在短期Alpha的背景下。

继续询问ChatGPT。

> **请分析其中用到的做市策略。**

ChatGPT：

做市策略是指市场参与者提供买卖价格（出价和要价）来赚取买卖差价的策略。从提供的short_term_alpha.ipynb和shot_term_alpha_helpers.ipynb中，我们可以看到涉及做市策略的核心方面和组件。

（1）资产价格模型：该模型描述了资产的中间价格随时间的变化。其中，资产价格由长期和短期漂移组成。短期漂移，或者称为短期Alpha，是一个随机过程，表示短期内价格的预期变化。

（2）优化目标：交易员的目标是确定最优的出价和要价策略，同时考虑短期Alpha的影响。这意味着他们希望在买卖差价中获得利润，同时尽量避免不利的价格移动。

（3）短期 Alpha：短期Alpha是此策略的关键组成部分，它代表了交易员对价格短期内的预期变化。交易员将这种预期结合进他们的做市策略中，以更好地定价并获得利润。

(4)库存管理:做市策略还涉及管理库存风险。在给定的时间段内,交易员可能会持有某种资产,这会导致他们面临价格变动的风险。策略旨在最大化利润,同时管理这种风险。

(5)模拟与决策:shot_term_alpha_helpers.ipynb中的函数使我们能够模拟市场动态,如订单流、库存变化和价格变动。这些模拟为交易员提供一个框架,帮助他们根据短期Alpha和其他市场参数做出最优决策。

总的来说,这个做市策略考虑了短期 Alpha 的影响,并结合了价格模型、库存风险和市场动态来为交易员提供一个优化框架。策略的目标是在买卖差价中获得利润,同时管理与做市相关的各种风险。

我们可以看到,GPT-4 的代码解释器是一个能够读取、理解并执行编程代码的软件工具。以下是代码解释器的一些主要功能。

(1)读取代码:解释器从源文件或命令行界面中读取编程代码。

(2)即时执行:与编译器不同,解释器不会先将代码转换为机器代码或中间代码,它会即时解析和执行源代码。

(3)逐行执行:解释器通常逐行解析和执行代码,而不是一次性处理整个程序。

(4)提供错误反馈:如果解释器在尝试执行代码时遇到错误,它会提供错误消息,帮助开发者识别和修复问题。

(5)跨平台:许多解释器是跨平台的,这意味着相同的代码可以在不同的操作系统上运行,只要有相应的解释器。

(6)交互模式:一些解释器(例如,Python的解释器)提供了交互模式,允许用户即时输入代码并看到结果,而无须创建完整的程序文件。

(7)内置函数和库:解释器通常会提供一套内置函数或库,使开发者可以在编写代码时利用这些功能。

(8)执行速度:由于逐行解析和执行代码,解释器通常比经过编译的代码运行得慢。

(9)扩展性:一些解释器允许开发者通过插件或模块来扩展其功能。

（10）嵌入性：解释器可以被嵌入其他应用程序中，以提供脚本或宏功能。

总的来说，代码解释器提供了一种快速和灵活的方式来开发和测试代码，尤其是在初步开发阶段或需要跨平台运行的情况下。但由于逐行执行，其性能可能不如预先编译的代码。

第 5 章
未来展望与挑战

在这个科技日新月异、变革迭起的时代，金融领域正面临着史无前例的转型。量化金融和算法交易的兴起，以及人工智能的深度融合，不仅揭开了金融服务革新的新篇章，也带来了一系列紧迫的挑战。在监管环境不断演变的当下，探索如何在保障金融稳定和消费者利益的同时，高效利用新技术，已成为全球业界和学术界的共同焦点。本章将首先从多个重要的人工智能语言平台入手，展示除 ChatGPT 外，其他平台同样具备强大的应用潜力。随后，我们将深入分析人工智能在金融领域中的发展趋势、潜在机遇及所面临的挑战，为读者绘制一幅立体全面的未来蓝图。

5.1 探索多元化的大语言模型平台

本节将深入探讨并比较几大著名的语言处理平台——讯飞星火、文心一言、智谱清言及百川。虽然它们分别采用了各自的先进语言模型，但处理同一样本时所展现的能力却或多或少存在差异。值得一提的是，尽管还有如抖音的豆包、云雀等其他大模型，但由于其主要应用于文娱创作领域，我们在这里不将其纳入对比范围。为了精确评估各平台在输出结果的准确性上的表现，我们会利用 3.3 节提到的一系列问题，详尽地探讨它们各自的性能表现。

- 作为我的投资顾问,请告诉我有什么常用的选股策略。

如果其中包含了"价值投资",我们会继续询问下一个问题。

- 展开说一说"价值投资"适用于哪一类投资者,并详细介绍其使用过程。

如果其中描述了"相对估值法",我们会继续询问下一个问题,以考量该平台的数学解析能力。

- 请告诉我什么是相对估值法,要非常详细,包含定义和公式等。

如果能显示公式,我们进一步测试其编程能力。

- 请给我一个Python示例,通过相对估值法来对苹果公司进行估值。

5.1.1　科大讯飞——讯飞星火认知大模型

讯飞星火作为科大讯飞推出的新一代认知智能大模型,不仅具有跨领域知识的把握和深刻的语言理解能力,还能通过自然对话的方式精准理解并执行任务。该模型从海量数据和大规模知识中不断自我进化,成功实现了问题提出、规划与解决的全流程闭环。在2023年8月15日,讯飞星火V2.0版本实现了代码与多模态交互能力的重大突破,计划在10月24日实现对通用模型GPT-3.5的中文能力的超越与英文能力的相匹配。

(1)代码生成能力:在代码生成能力方面,星火V2.0展现了卓越的性能,尤其在基于Python和C++的代码写作方面,其能力已高度逼近ChatGPT,仅在性能上分别落后1%和2%。

(2)多模态交互能力:在多模态交互能力方面,V2.0版本在图像描述、图像理解、图像推理、识图创作、文图生成及虚拟人合成等多个维度上都取得了显著的进展,显著增强了模型在各种场景下的理解能力,并在生活和工业领域中提供了强大的智能化支撑。

我们的测试结果如下。

> 作为我的投资顾问,请告诉我有什么常用的选股策略。

SparkDesk:

常用的选股策略有很多，以下是一些常见的选股策略。

（1）价值投资：选择有价值且可持续的公司，比如，茅台、五粮液、格力等，配置一个组合。长期持有，不关注股价短期波动，甚至对公司业绩也不敏感。定期看看报表披露的经营数据，检查是否存在重大风险。不再依赖估值，当有分红时再买入，盈亏，经过很多人的实践，有很大的胜算，考验耐心和选股水平。

（2）趋势投资：行情转好的时候，才买入。趋势结束了，就卖出。需要对市场情绪有比较好的理解。盈亏完全看个人水平。

（3）波段做T：一会买，一会卖，全都取决于投资人对当前股价、市场行情、基本面等的综合判断，甚至完全是率性而为。盈亏完全看个人水平。

（4）多因子模型：采用一系列的因子作为选股标准，满足这些因子的股票被买入，不满足的则被卖出。各种多因子模型核心的区别，一是在因子的选取上，二是在如何用多因子综合得到一个最终的判断。一般而言，多因子选股模型有两种判断方法，一是打分法，二是回归法。

该结果与GPT-4大致一致。

> 10 展开说一说"价值投资"适用于哪一类投资者，并详细介绍其使用过程。

SparkDesk:

价值投资适用于那些希望通过对公司财务表现的基础分析找出那些市场价格低于其内在价值（公司未来现金流的现值）的股票的投资者。这种战略可以追溯到20世纪30年代，最早由哥伦比亚大学的本杰明·格雷厄姆（Benjamin Graham）和大卫·多德（David Dodd）提出。由于伯克希尔·哈撒韦公司首席执行官兼主席沃伦·巴菲特的使用，价值投资战略在20世纪七八十年代受到推崇。

价值投资的核心思想是测算公司的价值，然后将公司的股价和价值进行比较，以此作为投资的决策依据。投资者支付资金购买公司股票成为公司的股东，实质上是购买了公司的价值。

具体来说，价值投资者需要通过对企业进行财务分析，以了解企业的经营状况；通过对企业进行商业模式分析，以了解企业的存续和发展；通过对企业的战略进行分析，以了解企业的机会和风险。最后，投资者通过这种系统的信息收集、整理和分析，得出对一家企业相对较为全面的认知，然后通过各种估值的手法，将自己对目标企业相对定性的判断，通过"估值"这个媒介，以数量化的形式表达出来。之后，将所得出的价值区间与当期的股票价格进行对比，如果是收购一家企业，则与对方开出的价格进行对比，从而得出当下的市场价格是过高还是过低的判断，进而做出投资的决策。

其中并没有提到"相对估值法"，但是我们可以继续询问。

> 请告诉我什么是相对估值法，要非常详细，包含定义和公式等。

SparkDesk：

相对估值法是一种用于确定公司股票价格是否被低估或高估的方法。它使用多个不同的指标来比较公司的财务表现，以及同行业其他公司的财务表现。这些指标包括市盈率、市净率、市销率等。相对估值法的核心在于对比，将股票的价格指标与可比公司的相应指标进行比较，从而得出股票价格是否被低估或高估的结论。

具体来说，相对估值法可以通过以下公式来计算。

（1）市盈率：P/E = 股价 / 每股收益。

（2）市净率：P/B = 股价 / 每股净资产。

（3）市销率：P/S = 股价 / 每股销售收入。

其中，每股收益、每股净资产和每股销售收入都是可比公司的相应指标。如果一个股票的价格低于可比公司相应指标的平均值，那么我们就可以认为这个股票被低估了；如果一个股票的价格高于可比公司相应指标的平均值，那么我们就可以认为这个股票被高估了。

与 GPT-4 相比，虽然这里的输出结果相对简洁，但其核心要点已涵盖，可视为可接受的结果。

> 请给我一个 Python 示例，通过相对估值法来对苹果公司进行估值。

SparkDesk:

首先我们需要获取苹果公司的财务数据。这些数据可以从各种财经网站上获得,例如,雅虎财经、谷歌财经等。在这个示例中,我们将使用一个假设的数据。

然后我们需要选择一些可比公司,并获取它们的财务数据。同样,这些数据也可以从财经网站上获得。在这个示例中,我们将选择微软公司作为我们的可比公司。

最后我们将使用相对估值法来计算苹果公司的估值。

以下是一个简单的Python示例。

```python
# 假设的苹果公司财务数据
apple_stock_price = 230.00
apple_earnings_per_share = 2.00
apple_dividend_yield = 0.05
# 假设的微软公司财务数据
microsoft_stock_price = 300.00
microsoft_earnings_per_share = 2.80
microsoft_dividend_yield = 0.06
# 计算市盈率
pe_ratio = apple_stock_price / apple_earnings_per_share
# 计算市净率
pb_ratio = apple_stock_price / apple_earnings_per_share / (apple_dividend_yield*100)
# 计算市销率
ps_ratio = apple_stock_price / apple_earnings_per_share / (apple_dividend_yield*100)
# 比较市盈率、市净率和市销率与微软公司的相应指标
if pe_ratio < microsoft_pe_ratio and pb_ratio < microsoft_pb_ratio and ps_ratio < microsoft_ps_ratio:
    print('苹果公司被低估了')
elif pe_ratio > microsoft_pe_ratio and pb_ratio > microsoft_pb_ratio and ps_ratio > microsoft_ps_ratio:
    print('苹果公司被高估了')
```

```
else:
    print('苹果公司的估值合理')
```

请注意，这只是一个示例，实际的财务数据可能会有所不同。此外，这个示例也没有考虑到其他可能影响股票价格的因素，例如，市场情绪、宏观经济状况等。

该 Python 实例假设了苹果公司和微软公司的财务数据，这样的对比与 GPT-4 直接使用 yfinance 下载真实数据相比，在实操过程中会增加一步替换数据过程。

在多模态交互能力方面，星火 V2.0 在图像描述、图像理解、图像推理和识图创作等多个领域都有显著提升，表现出强大的场景理解能力和应用潜力。在与 GPT-4 的比较测试中，星火 V2.0 在处理复杂查询（如投资策略、价值投资分析、相对估值法及其 Python 实现等）时，展现了高质量和详尽的回答能力。

尽管在某些情况下，星火 V2.0 提供的答案可能不如 GPT-4 详细，例如，在 Python 示例代码的提供上，星火 V2.0 选择了使用假设的数据，而非直接从实时数据源获取，这可能在实际应用中需要额外的调整步骤。但总体而言，讯飞星火认知大模型在多个领域中显示了其强大性能和广泛的应用前景。

5.1.2　百度——文心一言大模型

文心一言，百度研发的卓越人工智能语言模型，以其跨模态和跨语言的深度语义理解及生成能力闻名。该模型涵盖五大核心能力：文学创作、商业文案创作、数理逻辑推算、中文理解和多模态生成，为各领域如搜索问答、内容创作与生成、智能办公等打开了一扇宽广的想象之门。由百度智能云千帆大模型平台提供的文心一言企业服务，目前已开放推理服务，并在一系列的开发和应用工具链中加入了大模型微调等功能。除此之外，百度还推出了丰富的产品线，如图 5.1 所示。

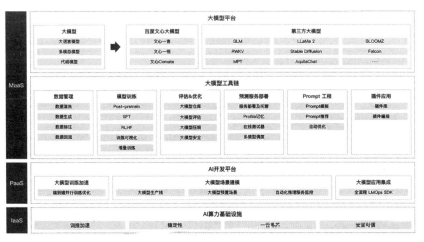

图 5.1 百度文心一言的产品功能

我们的测试结果如下。

> 作为我的投资顾问,请告诉我有什么常用的选股策略。

文心一言:

以下是一些常用的选股策略。

(1)增长股策略:选择具有良好成长潜力的公司股票,关注公司的盈利增长和营收增长,以及行业内的市场份额增长。

(2)价值投资策略:选择低估值的股票,关注公司的市盈率、市净率、股息收益率等指标,投资者寻找低估值的股票,相信它们有上涨潜力。

(3)大盘股策略:选择规模较大、市值较高的公司股票,这些公司通常有更稳定的盈利能力和更强大的市场地位。

(4)股票多头策略:投资者对某些股票看好从而在低价买进股票,再待股票上涨至某一价位时卖出以获取差额收益。

(5)自上而下的投资策略:投资者在选择股票时,首先从宏观经济、证券市场分析入手,然后进行行业分析,最后进行公司分析的顺序来进行投资决策。

(6)右侧交易策略:投资者在股票开始上涨阶段买入该股票,在股票开始下跌阶段卖出该股票。

（7）左侧交易策略：投资者在股票下跌波段买入该股票，在股票上涨波段卖出该股票。

请注意，每一种策略都有其优点和缺点，投资者需要根据自己的风险承受能力、投资目标和市场情况来选择适合自己的策略。同时，投资市场有风险，投资需谨慎。

该结果更符合A股投资逻辑。

> 10 展开说一说"价值投资"适用于哪一类投资者，并详细介绍其使用过程。

文心一言：

价值投资是一种长期投资策略，主要适用于那些寻求稳定收益和资产增值的投资者，通常被描述为"买入并持有"策略。价值投资者通常更关注公司的基本面，如收入、利润、资产负债表等，以及公司的未来增长潜力，而不太关注市场的短期波动。价值投资适用于以下几类投资者。

（1）长期投资者：价值投资需要耐心和长期的投资视野。投资者通常需要在公司基本面改善、市场认知转变或公司业绩表现超出市场预期时，等待股票价格的上涨。因此，价值投资适合那些有长期投资目标和计划的投资者。

（2）稳健型投资者：价值投资强调安全边际和风险控制。投资者通常会选择那些估值较低、基本面稳健的公司进行投资，以减少投资风险。因此，价值投资适合那些追求稳健收益的投资者。

（3）对市场波动不敏感的投资者：价值投资者通常不太关注市场的短期波动，而是更注重公司的内在价值和未来增长潜力。因此，价值投资适合那些对市场波动不敏感、愿意承受一定投资风险的投资者。

价值投资的使用过程主要包括以下几个步骤。

（1）研究和分析：价值投资者通常需要进行深入的公司分析和行业研究，以了解公司的基本面和未来增长潜力。这包括分析公司的财务报表、业务模式、竞争优势、管理层素质等。

（2）估值：价值投资者需要对公司进行估值，以确定公司的内在价值。这通常涉及使用多种估值方法，如市盈率、市净率、现金流折现等，以评估公司的价值。

（3）选择投资标的：基于研究和估值的结果，价值投资者会选择那些被低估的公司作为投资标的。这通常涉及在多个潜在投资机会中进行比较和选择。

（4）买入并持有：一旦选定投资标的，价值投资者通常会采取"买入并持有"的策略，长期持有该股票。他们会耐心等待公司基本面的改善和市场认知的转变，以实现资产的增值。

（5）监控和调整：价值投资者会定期监控投资组合的表现和公司的基本面变化。如果公司的基本面发生恶化或市场认知发生转变，他们可能会调整投资策略或卖出股票。

需要注意的是，价值投资并非没有风险。投资者可能面临公司业绩不及预期、市场认知转变缓慢或错误判断公司价值等风险。因此，价值投资者需要具备足够的研究和分析能力，以准确评估公司的价值和未来增长潜力。

该结果非常详细并提到了估值方法，我们继续下面的询问。

> 请告诉我什么是相对估值法，要非常详细，包含定义和公式等。

文心一言：

相对估值法是一种常用的股票估值方法，通过与市场上相似或可比的公司进行比较，来评估目标公司的价值。这种方法基于一个假设，即相似的公司应该有相似的市场价值。相对估值法通常包括以下几个步骤。

（1）选择可比公司：首先需要选择与目标公司相似或可比的公司。这些公司通常在同一行业内，具有相似的业务模式、市场地位、盈利能力等。选择可比公司的目的是找到一个可以参考的基准，以便对目标公司进行估值。

（2）计算关键指标：选择与估值相关的关键指标，如市盈率（P/E）、市净率（P/B）、市销率（P/S）等。这些指标用于比较目标公司与可比公司的相对价值。例如，市盈率是指公司市值与其净利润之间的比率，可以用来评估公司的盈利能力和估值水平。

（3）比较指标：将目标公司的关键指标与可比公司的相应指标进行比较。这可以帮助投资者了解目标公司在行业内的相对估值水平和地位。如果目标公司的指标低于可比公司的平均水平，那么它可能被低估；反之，则可能被高估。

（4）调整指标：考虑到不同公司之间的差异，如成长潜力、风险水平等，需要对关键指标进行调整。例如，对于成长型公司，可能需要使用更高的市盈率来反映其未来的增长潜力。

（5）计算目标公司价值：基于可比公司的关键指标和目标公司的调整指标，可以计算出目标公司的估值。例如，如果目标公司的市盈率低于可比公司的平均水平，那么可以使用可比公司的平均市盈率乘目标公司的净利润来估算其市值。

需要注意的是，相对估值法具有一定的局限性。首先，可比公司的选择可能存在一定的主观性，不同的投资者可能会选择不同的可比公司。其次，不同公司之间的指标差异可能较大，需要进行适当的调整。最后，市场环境和行业特点也可能对相对估值法产生影响。因此，在使用相对估值法时，需要结合其他估值方法和信息进行分析和判断。

其中对于数学公式的表达，文心一言欠佳，我们进而考察其编程能力。

> 请给我一个Python示例，通过相对估值法来对苹果公司进行估值。

文心一言：

以下是一个简单的Python示例，使用相对估值法对苹果公司进行估值。在这个示例中，我们将使用市盈率（P/E）作为关键指标，通过与可比公司的市盈率进行比较来评估苹果公司的价值。

```
# 导入必要的库
import pandas as pd
import numpy as np
# 定义可比公司的市盈率
comparable_companies = {
    '公司A': 15,
    '公司B': 20,
    '公司C': 25,
    '公司D': 30
}
# 计算可比公司的平均市盈率
```

```
average_pe = np.mean(list(comparable_companies.values()))
# 获取苹果公司的净利润数据（假设为 100 亿美元）
apple_net_income = 100000000000
# 使用平均市盈率计算苹果公司的市值
apple_market_value = average_pe * apple_net_income
# 输出结果
print("可比公司的平均市盈率为: ", average_pe)
print("苹果公司的市值为: ${:.2f}".format(apple_market_value))
```

在这个示例中，我们假设苹果公司的净利润为 100 亿美元，并使用了 4 个可比公司的市盈率数据来计算平均市盈率。然后，我们将平均市盈率与苹果公司的净利润相乘，得到苹果公司的市值。请注意，这只是一个简单的示例，实际估值过程可能需要更详细的数据和分析。

文心一言在展示编程结果的过程中使用了更多的假设条件，但总的来说，经过替换数据，能够达到预期效果。

在我们的测试中，文心一言表现出了在理解和生成复杂金融知识，特别是在投资策略和价值投资分析方面的卓越能力。模型不仅能提供详细的、适用于特定类型投资者的投资策略，而且还能深入解释复杂的概念，如相对估值法，并且包括其定义、应用和局限性。

当涉及编程查询时，尽管文心一言提供的 Python 示例代码采用了假设的数据，这可能需要在实际应用中进行调整，但其核心逻辑表明模型具备在编程任务上应用相对估值法的能力。这一点证明了文心一言不仅在语言理解和生成方面强大，而且在解决具体、实际的技术问题方面也非常有用。

总的来说，百度的文心一言在多个测试场景中表现出了其深厚的语言理解、逻辑分析和问题解决能力，显示了其在各种应用场景中的巨大潜力。尽管在某些具体应用中需要进行数据调整和验证，但其广泛的应用前景和强大的核心能力使其成为值得关注和进一步研究的人工智能模型。

5.1.3 智谱 AI——智谱清言 ChatGLM 大模型

智谱 AI 由清华大学计算机系的技术成果转化而来，致力于塑造新一代的认知智能通用模型。该公司联手研发出了一款双语、千亿级别的超大规模预训练模型——GLM-130B，并构建了一幅高精度的通用知识图谱。由此形成了一款数据与知识双轮驱动的认知引擎，并以此为基础打造了 ChatGLM。此外，智谱 AI 推出了认知大模型平台——Bigmodel.ai，这包含了 CodeGeeX 和 CogView 等系列产品，并提供智能 API 服务。这个平台不仅链接了物理世界的亿级用户，赋能元宇宙的数字人，还让机器拥有了类似于人的"思考"能力。

我们的测试结果如下。

> 作为我的投资顾问，请告诉我有什么常用的选股策略。

ChatGLM：

投资顾问可以提供一些常用的选股策略，这些策略可以帮助投资者在不同市场环境下找到合适的股票。以下是一些常见的选股策略。

（1）价值投资：价值投资是指寻找那些被市场低估的股票。投资者通过分析公司的基本面指标，如市盈率、市净率、股息收益率等，来确定公司的股票价格是否低于其内在价值。价值投资的核心理念是"低估值、高收益"。

（2）成长投资：成长投资是指投资那些具有高速增长潜力的公司。投资者通常关注公司的盈利增长率、收入增长率、市场份额等指标，以确定公司是否具有持续成长的潜力。成长投资的核心理念是"高增速、高收益"。

（3）指数投资：指数投资是一种被动投资策略，投资者通过购买股票指数基金或交易所交易基金（ETF），来跟踪市场的整体表现。指数投资的优势在于成本低、风险分散，但缺点是收益率可能低于主动管理型基金。

（4）技术分析：技术分析是指通过研究股票价格走势图、交易量等数据，来预测未来股票价格的变化。技术分析的优势在于可以帮助投资者捕捉市场的短期波动，但缺点是过于依赖历史数据，忽视了公司的基本面因素。

（5）基本面分析：基本面分析是指通过研究公司的业务、财务、管理层、市场环境等基本面因素，来判断公司的股票价值。基本面分析的优势在于可以帮助投资者找到具有长期投资价值的公司,但缺点是分析过程较为复杂,需要较高的专业素养。

作为投资者,可以根据自己的风险承受能力、投资目标和市场环境,选择适合自己的选股策略。同时,投资顾问可以提供更多具体的操作建议和实时动态。

其输出结果几乎与GPT-4一致,我们继续询问。

> 展开说一说"价值投资"适用于哪一类投资者,并详细介绍其使用过程。

ChatGLM:

价值投资适用于追求长期稳定收益、风险承受能力适中、耐心等待市场回归价值的投资者。这类投资者通常具备一定的财务分析能力,能够独立判断公司的价值。

价值投资的使用过程如下。

(1)寻找潜在投资目标:投资者需要从众多股票中筛选出具有投资价值的公司。通常,投资者会关注那些市值较低,市盈率、市净率等估值指标较低的公司。

(2)分析公司基本面:投资者需要对公司的业务、财务状况、管理层、竞争优势等方面进行深入分析。这有助于判断公司的盈利能力、现金流、负债水平等财务指标是否健康。

(3)评估公司的内在价值:投资者需要根据公司的基本面数据,运用一定的估值模型(如DCF、市盈率法等)来估算公司的内在价值。内在价值是公司未来现金流的现值,可以帮助投资者判断公司的股票价格是否低于其内在价值。

(4)监测市场价格:投资者需要持续关注公司股票的市场价格,并与内在价值进行比较。当市场价格低于内在价值时,投资者可以考虑买入股票;当市场价格接近或高于内在价值时,投资者可以考虑卖出股票。

(5)持有和卖出股票:价值投资者通常会长期持有优质股票,以实现稳定的长期收益。在卖出股票时,投资者需要考虑公司的基本面变化、市场环境等因素,确保在合适的时间退出市场。

总之，价值投资是一种长期投资策略，适用于具备一定财务分析能力的投资者。通过寻找被市场低估的优质公司，并长期持有，投资者可以实现稳定的投资收益。然而，价值投资并不适合所有投资者，特别是那些追求短期收益、风险承受能力较差的投资者。在实际操作中，投资者需要根据自身的投资目标、风险承受能力和市场环境来选择合适的投资策略。

针对提到的估值方法，我们继续询问。

> 请告诉我什么是相对估值法，要非常详细，包含定义和公式等。

ChatGLM：

相对估值法，又称为可比公司法，是一种股票估值方法。它通过比较目标公司与同行业中类似的企业（即可比公司）的财务指标和市场表现，来估算目标公司的价值。相对估值法主要依赖于市场中的可比公司，假设它们的市场价格反映了其内在价值。因此，通过比较目标公司与可比公司的估值指标，可以推断出目标公司的价值。

相对估值法常用的估值指标如下。

（1）市盈率（P/E）：股价与每股收益的比例。计算公式为：市盈率 = 股价/每股收益。

（2）市净率（P/B）：股价与每股净资产的比例。计算公式为：市净率 = 股价/每股净资产。

（3）市销率（P/S）：股价与每股销售额的比例。计算公式为：市销率 = 股价/每股销售额。

（4）企业价值倍数（Enterprise Value Multiple）：企业市值（股价乘总股本）与息税前利润（EBIT）的比例。计算公式为：企业价值倍数 = 企业市值/EBIT。

（5）市盈率相对盈利增长比率（PEG）：市盈率与盈利增长率的比例。计算公式为：PEG = 市盈率/盈利增长率。

在运用相对估值法进行估值时，投资者通常会选取若干与目标公司具有相似业务、规模和市场地位的可比公司，计算它们的各种估值指标，然后对比目标公司的相应指标，从而判断目标公司是否被低估或高估。如果目标公司的估值指标低于可比公司的平均水平，那么认为目标公司具有投资价值；反之，则认为目标公司估值过高，可能存在风险。

需要注意的是，相对估值法依赖于市场的有效性，因此在成熟完备的市场下，其估值结果更为可靠。此外，相对估值法还可能受到市场情绪、行业周期等因素的影响，因此在实际操作中，需要结合多种估值方法进行综合分析。

结果中包含了详细的解释和公式，与 GPT-4 类似，我们进而测试其编程能力。

> 请给我一个 Python 示例，通过相对估值法来对苹果公司进行估值。

ChatGLM：

由于相对估值法需要获取苹果公司及其可比公司的财务数据，以下示例将展示如何使用 Python 获取这些数据，并对苹果公司进行相对估值。在这个示例中，我们将使用 Pandas 库来处理数据。如果您尚未安装 Pandas 库，请先使用以下命令进行安装。

```
pip install pandas
```

（1）获取苹果公司及其可比公司的财务数据。在这个示例中，我们假设已经有了一个包含以下数据的 DataFrame。

```python
import pandas as pd
# 假设可比公司的数据如下
companies = {
    '公司名称': ['苹果', '谷歌', '微软', '亚马逊'],
    '市盈率': [15.2, 26.5, 19.8, 31.6],
    '市净率': [2.8, 3.5, 2.4, 3.9],
    '每股收益': [4.74, 6.15, 4.16, 5.11],
    '每股销售额': [12.16, 17.12, 10.46, 15.88]
}
# 创建一个 DataFrame
df = pd.DataFrame(companies)
```

(2)计算每个公司的相对估值指标。在这个示例中,我们将计算市盈率、市净率和市销率。

```
# 计算市盈率
df['市盈率'] = df['市盈率'] / df['每股收益']
# 计算市净率
df['市净率'] = df['市净率'] / df['每股净资产']
# 计算市销率
df['市销率'] = df['市销率'] / df['每股销售额']
```

(3)计算苹果公司的相对估值指标。假设我们已经有了苹果公司的财务数据,如下所示。

```
# 假设苹果公司的数据如下
apple_data = {
    '市盈率': 42.0,
    '市净率': 8.5,
    '每股收益': 1.42,
    '每股销售额': 14.25
}
# 创建一个DataFrame
apple_df = pd.DataFrame({'公司名称': ['苹果'],
**apple_data})
```

(4)将苹果公司的相对估值指标与可比公司进行比较,以判断其是否被高估或低估。

```
# 计算苹果公司的相对估值指标
apple_df['相对市盈率'] = apple_df['市盈率'] / df['市盈率']
apple_df['相对市净率'] = apple_df['市净率'] / df['市净率']
apple_df['相对市销率'] = apple_df['市销率'] / df['市销率']
# 计算苹果公司在每个指标上的排名
apple_df['排名'] = apple_df[['相对市盈率', '相对市净率',
'相对市销率']].rank(pct=True)
```

(5)查看苹果公司在每个相对估值指标上的排名,以了解其是否被高估或低估。

```
print(apple_df)
```

这个示例假设我们已经有了苹果公司及其可比公司的财务数据。在实际应用中，您可能需要从网络或其他数据源获取这些数据，并使用相应的财务分析库（如yfinance或TuShare）进行数据处理。

此次编程输出结果表现得极为详尽，其代码展示能力不仅达到预期，甚至超出了先前的预期。

在实际测试中，ChatGLM展现了出色的语言理解和生成能力。针对投资咨询的询问，它能提供与GPT-4相似的高质量回答。在解释"价值投资"和详细介绍其使用过程时，ChatGLM给出了全面、准确的答案。关于股票估值的问题，ChatGLM不仅提供了详尽的相对估值法解释，还包括了相关的计算公式。

最引人注目的是，当被要求提供使用Python进行股票估值的示例时，ChatGLM展示了其卓越的编程能力。它提供了一个详细的Python脚本示例，说明了如何收集财务数据、计算相对估值指标，并比较苹果公司与其同行业公司。这一输出不仅详尽，而且超出了先前的预期，显示出了ChatGLM在编程和财务分析方面的强大能力。

5.1.4 百川智能——百川大模型

百川智能由前搜狗公司CEO王小川在2023年4月10日创立，它承载着一个宏大的使命：使大众能够轻松且普惠地获取世界知识和专业服务。团队坚信，通过语言AI的创新突破，构建起中国卓越的大模型底座的愿景是可实现的。公司的核心团队由来自搜狗、百度、华为、微软、字节和腾讯等科技巨头的AI领域顶尖人才组成。在百川智能成立的初始百天内，公司即发布了Baichuan-7B与Baichuan-13B两款开源、可免费商用的中文大模型。

我们的测试结果如下。

> 作为我的投资顾问,请告诉我有什么常用的选股策略。

⑤ Baichuan:

选股策略有很多种,以下是一些常用的。

(1)价值投资策略:这种策略主要是选择被市场低估的股票。例如,可以选择 30 日均线昂头向上的股票,或者选择沿 45 度角向上运行的股票。

(2)技术指标选股策略:这种策略主要是根据技术指标来选择股票,如 MACD、KDJ、BOLL 等。例如,短期投资者可以根据 MA(移动平均线)来选股。

(3)基本面选股策略:这种策略主要是根据公司的基本面来选择股票,如市盈率、市净率、业绩报表等。例如,多因子模型就是一种常用的基本面选股策略,它会选择满足一系列因子参数的股票。

(4)市场行为选股策略:这种策略主要是根据市场的交易行为来选择股票,如资金流、动量反转、一致预期、趋势追踪等。例如,资金流模型就是一种常用的市场行为选股策略,它会根据市场的资金流向来选择股票。

以上就是一些常用的选股策略,具体的策略选择需要根据投资者的风险承受能力、投资期限、投资目标等因素来确定。

其输出结果技术性偏强,这可能是样本选择导致的。

> 展开说一说"价值投资"适用于哪一类投资者,并详细介绍其使用过程。

⑤ Baichuan:

"价值投资"是一种投资策略,它主要适用于那些愿意长期持有股票、对投资有深入理解,并且能够忍受短期市场波动的投资者。价值投资的核心理念是寻找被市场低估的股票,这种股票的价格低于其内在价值,因此具有较大的上涨空间。

价值投资的过程可以分为 4 个步骤。

(1)评估公司的内在价值:投资者需要评估公司的内在价值。这需要通过财务分析、行业分析、公司治理结构分析等方式来实现。财务分析主要包括分析公司的盈利能力、偿债能力、运营效率等;行业分析主要包括分析公司的竞争地位、行业前景、政策环境等；公司治理结构分析主要包括分析公司的股权结构、董事会结构、高管薪酬等。

（2）比较市场价格与内在价值：投资者需要比较市场价格与内在价值，以确定股票是否被低估。如果市场价格低于内在价值，那么这只股票就被认为是被低估的，具有投资价值。

（3）买入被低估的股票：投资者需要买入被低估的股票。买入的数量取决于投资者的资金实力和投资策略，一般来说，资金实力强的投资者可以买入更多的股票，而采用积极投资策略的投资者可能会买入更多的股票。

（4）长期持有：投资者需要长期持有股票，等待市场价格上升到与内在价值相匹配的水平。在这个过程中，投资者需要忍受短期的市场波动，不被市场的短期波动所影响。

总的来说，价值投资是一种需要投资者有深厚投资知识和坚定投资信念的投资策略。

其中并没有提到估值的具体方法，但是我们可以继续询问。

> 请告诉我什么是相对估值法，要非常详细，包含定义和公式等。

Baichuan：

相对估值法是一种评估公司价值的方法，它的核心思想是在市场上找到一个或几个与目标公司相同或相似的参照物公司，通过比较目标公司和参照物公司的相关财务指标，从而确定目标公司的价值。这种方法的理论依据是，任何一个精明的投资者在购置一项资产时，他所愿意支付的价格不会超过市场上具有相同性能替代品的市场价格。

相对估值法的具体步骤如下。

（1）选择参照物公司：需要在市场上找到与目标公司相同或相似的参照物公司。这些公司应该与目标公司在业务模式、盈利能力、成长潜力等方面具有可比性。

（2）计算财务比率：需要计算目标公司和参照物公司的财务比率，如市盈率（P/E）、市净率（P/B）、市销率（P/S）等。这些比率可以帮助我们了解公司的盈利能力、偿债能力、运营效率等。

（3）比较财务比率：需要比较目标公司和参照物公司的财务比率。如果目标公司的财务比率低于参照物公司的财务比率，那么我们就认为目标公司的价值被低估了。

（4）修正和调整：需要修正和调整参照物公司的价值，以反映目标公司和参照物公司的差异。例如，如果目标公司的盈利能力高于参照物公司，那么我们就可以提高目标公司的市盈率。

相对估值法的计算公式如下。

- 市盈率（P/E）＝股价/每股收益＝市值/利润（意思是投资需要多少年才能够收回成本）。
- 市净率（P/B）＝股价/每股净资产＝市值/净资产（意思是投资需要多少年才能够收回成本）。
- 市销率（P/S）＝股价/每股销售收入＝市值/销售收入（意思是投资需要多少年才能够收回成本）。

总的来说，相对估值法是一种简单而直观的公司价值评估方法，但是它也有一些局限性，如对财务比率的选择和比较，还需要一定的专业知识，而且它不能考虑公司的非财务因素，如品牌、专利、管理团队等。

其公式解释非常详细，我们继续测试其编程能力。

> 请给我一个Python示例，通过相对估值法来对苹果公司进行估值。

⑤ Baichuan：

对不起，我无法提供实时的股票数据，包括苹果公司的股票价格和财务数据。此外，由于股票价格的波动性和不确定性，以及财务数据的复杂性，使用相对估值法对股票进行估值并不总是准确或可靠的。在实际操作中，投资者通常会结合多种估值方法和财务分析工具，以及他们对市场和公司的理解，来做出投资决策。

鉴于其大模型理解能力，我们将问题简化。

> 请给我一个Python示例。

⊛ Baichuan：

很抱歉，作为一个大语言模型，我无法直接访问和处理实时股票数据。然而，我可以提供一个基本的Python脚本示例，用于获取和显示苹果公司的历史股票价格。这个示例使用了Pandas库来处理数据。

```
import pandas as pd
import yfinance as yf
# 下载苹果公司的历史股票价格
data = yf.download('AAPL', start='2020-01-01', end='2022-12-31')
# 打印前 5 行数据
print(data.head())
```

这个脚本将下载苹果公司（股票代码：AAPL）从2020年1月1日到2022年12月31日的历史股票价格。然后，你可以使用Pandas库的各种函数来处理和分析这些数据。

请注意，这个脚本只是一个基本示例，实际的数据获取和处理可能会更复杂。此外，股票价格的预测或估值通常涉及复杂的统计和金融模型，可能需要专业的金融知识和编程技能。

由此可见，百川大模型的编程能力较为一般。

在进行的测试中，百川智能的AI大模型被要求提供投资建议和解释特定的股票评估方法。AI展示了其在金融分析方面的强大能力，提供了关于选股策略的综合指南，并详细解释了价值投资的概念和相对估值法的使用。不过，当被要求提供实时股票数据分析或进行相关的Python编程任务时，百川智能的回应表明它缺乏直接获取或处理实时数据的能力，以及在编程示例创建方面的限制。

总体而言，尽管百川智能在某些技术任务上的表现不如其他几个大模型，比如，编程能力，但它在处理复杂的语言输出和提供深入的金融分析方面表现出色。这些发现显示，尽管与GPT-4在某些方面相比还有提升空间，但百川智能和其他中文大模型在语言理解和生成方面都取得了显著进展。

在我们深入体验并分析了上述 4 个大型 AI 模型平台之后,可以明确地看到,在各方面的比较中,智谱 AI 呈现出了最为出色的综合性能,紧随其后的是科大讯飞和百度。从一个宏观的角度来看,虽然在数学计算复杂性、编程问题解决及某些高级认知任务方面,这些中文大模型与 GPT-4 相比仍有一定差距,但在语言理解、信息处理和语言输出的流畅性与准确性方面,它们展现出了相当强的实力和潜力。

值得注意的是,这些模型在处理地域特色内容、领域专业性语言及对话交互的自然性方面已经取得了显著进步。特别是在理解和生成符合中文语境的对话、故事或其他文本内容时,它们展现出了高度的灵活性和适应性。

然而,尽管这些平台在语言输出层面取得了类似的效果,但在与用户的深入互动、应对复杂情境变化,以及实时学习和适应用户需求等方面,还需进一步地优化和发展。此外,为了实现更广泛的应用,这些大模型需要在数据隐私保护、算法透明度,以及道德和社会责任等关键领域持续进行投入和改进。总而言之,智谱 AI、科大讯飞和百度等大模型在 AI 语言处理领域中已展现出令人鼓舞的成果,未来有望在多元化应用场景中发挥更大的作用。

5.2 量化金融与算法交易的发展趋势

随着人工智能技术的飞速发展,金融领域正经历一场前所未有的变革。AI 不仅重塑了金融服务的传统模式,还促进了新一代金融技术的崛起。在这个背景下,量化金融和算法交易逐渐从边缘走向主流,它们的发展趋势和未来方向引人注目。

5.2.1 量化金融与算法交易的新趋势

凭借着对高效率和精确性的需求,量化金融和算法交易已经成为金融科技创新的重要驱动力。以下是这一领域的几个主要新趋势。

1. 技术驱动的创新

（1）云计算：云技术的广泛应用加速了量化策略的研发和回测，使金融机构能够在云端快速部署、调整和扩展交易系统，同时显著减少初期的硬件投资成本。

（2）机器学习与深度学习：这些先进的技术方法被整合到交易策略中，提供了比传统固定数学模型更高的灵活性和自适应性，尤其在预测市场动态和风险管理方面表现出色。

2. 策略多样化

（1）多因子模型：通过综合考量多种市场变量（宏观经济数据、公司基本面信息、技术指标等），多因子模型增强了投资策略的健壮性和收益潜力。

（2）跨资产策略：以往主要集中在单一资产的量化策略已逐步扩展到多资产类别，包括股票、债券、外汇和商品等，实现了资本的有效分散，降低了风险。

3. 全球化趋势

（1）跨市场交易：算法交易不再局限于本土市场，而是借助全球金融市场的互联互通，在多个交易所和地区执行，增强策略的适用性和盈利空间。

（2）全球数据整合：全球范围内的金融数据整合带来了更多元的数据源，为策略研发提供了更广阔的视野，同时也带来了数据质量、处理和分析的新挑战。

4. 社会和伦理考量

（1）公平交易：算法交易的普及引发了对市场公平性的担忧。监管机构正日益重视算法交易可能带来的"前运行"问题及其对市场公平性的潜在影响。

（2）透明度和可解释性：随着市场对稳定性和公正性的要求不断提高，金融机构和监管机构对算法策略的透明度和可解释性提出了更高的要求，确保其符合监管标准。

总体来看,量化金融和算法交易展示了巨大的发展潜力和机遇,但同时也面临着诸多挑战。对金融机构和策略研发者而言,如何在这个快速变化和技术驱动的环境中保持竞争力、适应新的监管要求,并有效管理投资风险,将是他们未来需要认真对待和解决的关键问题。

5.2.2 智能化金融服务的崛起

随着人工智能技术的飞速发展,金融行业正处于前所未有的变革之中,智能化金融服务以其独特的优势崛起。这种转变不仅仅是技术的改进,更是服务模式和客户体验的全面升级。现在,金融服务不再是标准化的产品,而是通过深度学习和数据分析为每个客户量身定制的。从个性化的投资组合管理到实时风险评估,AI 的应用使金融决策更加精准、响应更加迅速。

在风险管理方面,先进的机器学习算法使金融机构能够通过分析复杂的市场模式和大量的交易数据,准确地预测和应对潜在的市场风险。自动化技术的引入,尤其是在数据处理和合规性检查方面,大大提高了工作效率和准确性,同时降低了运营成本。此外,AI 技术还促进了金融服务的普惠性,使之前难以获得金融服务的群体也能享受到定制化的金融产品和服务。

安全性也是智能化金融服务中的重要议题。AI 和机器学习技术在欺诈预防和网络安全方面取得了显著进展,可以实时监测和识别异常交易行为,有效预防各种金融犯罪。但随着这些先进技术的广泛应用,数据隐私和安全问题日益凸显,金融机构必须确保采取充分的安全措施来保护用户数据,防止信息泄露和滥用。

总之,智能化金融服务的崛起不仅极大地提升了客户体验,优化了风险管理,还推动了金融服务的普惠。但同时,也需要金融机构和所有相关方面对数据安全和隐私权给予高度的重视,并积极采取措施应对由此带来的挑战。在这个快速发展的领域,只有不断创新和负责任的管理,才能最终实现金融服务的可持续发展和广泛的社会效益。

5.3 机遇与挑战：人工智能在金融领域中的双刃剑效应

5.3.1 技术驱动下的金融机遇

人工智能在金融领域中的运用已经超越了传统的边界，开启了一场革命性的变革，其核心在于对海量金融数据进行深入分析，从而为投资者和金融机构提供了前所未有的优势。现代金融机构借助深度学习等尖端技术，可以更精确地评估借款人的信用风险，最大限度地降低违约风险。同时，人工智能的高度自动化和实时数据处理能力，为金融交易的效率和准确性带来了质的飞跃。

此外，AI 在保障金融安全和提升客户服务体验方面也发挥着不可替代的作用。例如，先进的 AI 算法可以实时监控交易活动，快速识别潜在的欺诈行为，从而保护客户资金的安全。而通过 AI 驱动的聊天机器人，金融机构能够实现全天候、无间断的客户服务，显著提升用户满意度。更重要的是，AI 的数据分析能力可以帮助金融机构更高效地管理和配置资源，实现资本的优化利用和投资收益的增长。

5.3.2 在监管环境中应对挑战

随着人工智能在金融领域中的广泛应用，监管环境也随之变得越来越复杂。金融机构在利用 AI 技术提供服务的同时，也必须面对一系列由监管环境带来的挑战。以下是关于这些挑战的详细探讨。

（1）透明度与可解释性：先进的 AI 模型，特别是深度学习，因其复杂性常被视为"黑盒"。而缺乏透明度可能导致公众和监管机构对 AI 驱动的金融决策产生疑虑。金融机构现在面临的任务是，如何在满足监管要求的同时，提高其 AI 模型的透明度和可解释性。这可能需要金融机构采用更加透明的模型，或者为复杂模型提供解释性工具。

（2）数据隐私与安全：金融服务的数字化使大量的数据需要被处理和

分析，包括敏感的客户信息。这不仅涉及交易数据，还包括客户的个人信息、行为习惯和其他敏感数据。在这种背景下，如何确保数据的完整性、隐私和安全性，防止数据被非法访问、泄露或恶意使用，已经成为金融机构和监管机构的首要关注点。为了应对这一挑战，许多国家和地区的监管机构已经开始出台更为严格的数据保护和隐私法规，要求金融机构在数据收集、存储、处理和共享方面采取更加严格的措施。这不仅意味着金融机构需要投入更多的资源来加强数据安全，还意味着它们需要在业务和技术层面进行调整，以确保其AI应用完全符合这些新的监管要求。

（3）算法偏见与公平性：AI模型的决策逻辑基于其训练数据。如果训练数据存在偏见，模型可能会放大这些偏见，导致不公平的决策。这在金融领域中尤为敏感，因为这可能涉及信贷决策、风险评估等关键业务，直接影响到客户的权益。为了确保金融服务的公平性和正当性，监管机构正日益加强对AI模型的监管，要求金融机构确保其模型的决策不受不当偏见的影响。为了满足这些监管要求，金融机构不仅需要在模型设计和训练阶段采取措施消除偏见，还需要定期进行公平性和偏见的审查，确保其AI系统始终在一个公正和无偏见的框架下运行。

（4）市场稳定性与风险管理：AI在交易策略中的应用，特别是高频交易，可能导致快速的市场变化。金融机构需要审视其风险管理策略，确保能够有效地识别和应对AI带来的市场风险。高度自动化和快速的交易活动有时可能导致意料之外的市场波动，甚至可能触发大规模的市场崩溃。为了维护金融市场的稳定性和公众的信心，监管机构可能会对AI交易的行为进行更为严格的监管，例如，限制执行速度、设置交易数量上限或要求更为透明的交易策略。面对这些监管挑战，金融机构需要重新审视其风险管理策略，确保它们能够有效地识别、评估和应对由AI技术带来的新型市场风险。这可能意味着金融机构需要投资更为先进的风险管理工具和技术，以及培训其团队更好地理解和应对AI驱动的市场动态。

（5）合规性与监管压力：随着AI技术的广泛部署，监管机构可能会加强对AI应用的监管。金融机构需要确保其AI应用在技术和法律层面都是合规的。这些新的监管规定可能涉及 AI 模型的透明度、数据处理、算法偏见及风险管理等多个方面。对金融机构来说，这意味着它们不仅需要确保其 AI 应用在技术层面的先进性，还需要确保其应用在法律和监管层面的完全合规。为了满足这些新的监管要求，金融机构可能需要加大投资，强化其合规性审查机制，定期提交监管报告，并确保其团队对最新的监管规定有充分的了解和准备。这种增加的合规性压力不仅会增加金融机构的运营成本，还可能影响其业务策略和决策。

（6）技术更新与监管：适应性金融机构需要在技术创新和合规性之间找到平衡，适应不断变化的监管环境。这种快速的技术演进要求监管机构必须与时俱进，不断调整和更新其监管框架，以确保金融市场的稳定性、公平性和消费者权益的保护。然而，这种持续的监管更新可能为金融机构带来了额外的挑战。它们不仅需要跟上技术的发展步伐，还需要适应不断变化的监管环境，确保其业务和技术应用始终处于合规状态。这种双重压力可能会增加金融机构的运营复杂性和成本，要求它们在技术创新和合规性之间找到一个平衡点。

随着人工智能技术在金融领域中的日益普及，其带来的益处与潜在风险也逐渐显现。在这个背景下，监管环境成了确保市场稳定、公平和透明的关键因素。透明度、数据隐私、算法偏见、市场稳定性、合规性及技术与监管的适应性等问题，都成了金融机构在部署人工智能技术时必须面对的挑战。为了应对这些挑战，金融机构需要与时俱进，不仅在技术上进行创新，还需要在合规性、风险管理和业务策略上进行调整。同时，监管机构也面临着如何制定合理、灵活且与技术发展同步的监管规定的挑战。总的来说，只有在一个健全、适应性强的监管环境下，人工智能技术才能在金融领域中发挥其最大的潜力，同时确保市场的稳定和公众的利益。

5.4 前瞻：人工智能与金融领域的未来合作

随着人工智能在金融领域中的深度融合，其潜力和挑战也变得更加显著。在监管环境的严格框架内,金融机构不仅要充分利用 AI 带来的便利,还需妥善应对伴随而来的多方面挑战。未来,人工智能与金融领域的合作将更加紧密,以下几个方面可能成为关键发展点。

5.4.1 潜在的增长领域和创新点

在探讨人工智能与金融领域未来的合作潜力时,我们首先需要认识到,这种合作不仅能够推动金融服务的创新,还能极大地提高市场运作效率。AI 技术的引入,尤其是机器学习和深度学习的应用,正在深刻地改变金融服务的面貌,为客户和服务提供者创造了新的价值。这些变化不仅限于提高已有服务的效率,更重要的是,它们开启了全新的服务模式和可能性,这些可能性在传统的金融框架中是难以实现的。

以下几个方面特别展示了 AI 在金融领域中的应用所能达到的创新高度和增长潜力。

(1)定制化金融服务:通过深度学习和数据分析,金融机构不再提供标准化的服务,而是能够深入了解个体客户的需求和偏好,提供高度个性化的财务规划、投资建议和其他金融产品。这种精准的个性化服务将有助于增强客户忠诚度和满意度,同时也能为金融机构打开新的收入来源。

(2)风险预测与管理:AI 技术,尤其是预测分析,正在改变金融机构处理风险的方式。通过更精确地识别潜在的信贷风险、市场变动和欺诈活动,金融机构能够更加主动和迅速地做出反应,从而降低损失、减少风险,并保护消费者的利益。

(3)智能投资咨询:AI 不仅可以处理大量数据,还可以实时分析市场趋势,为客户提供即时、个性化的投资建议。这种技术的应用超越了传统的财务顾问服务,提供了一个更加动态、适应性强的投资决策环境。

(4)金融流程自动化:通过自动化烦琐的后台操作和流程,AI 释放了人力资源,允许金融机构将重点放在提高客户体验和开发新产品上。这不仅大大提高了操作效率,还通过减少人为错误,提高了服务质量和客户满意度。

这些创新点明确指出了AI技术在未来金融领域中的关键作用，展示了一个更加高效、个性化和客户导向的金融服务新时代的轮廓。

5.4.2 面向未来的策略和合作路径

随着AI技术在金融领域中的不断深入，金融机构面临着前所未有的机遇和挑战。未来的金融环境将不仅仅是技术的竞争，更是策略、伦理和创新的融合。为了在这个快速变化的领域中取得成功，金融机构必须采取前瞻性的措施，建立强有力的合作伙伴关系，并投入资源以保持技术和知识的领先。下面几点是金融机构在规划未来AI战略时需要考虑的关键方向。

（1）加强合规与伦理框架：随着AI技术的广泛应用，确保决策过程的公平、透明，并符合监管要求变得尤为重要。金融机构需要建立和强化合规与伦理框架，确保技术应用不仅遵循法律规定，而且符合道德标准，尤其是在数据隐私和安全方面。

（2）深化跨行业合作：未来的金融创新将不再是单一机构的努力，而是需要多方——包括科技公司、学术界及监管机构的深度合作。通过分享知识、技术和风险管理策略，金融机构可以更有效地推动AI的创新和应用。

（3）促进持续学习和适应性发展：AI技术的快速发展要求金融从业者不断学习新的技能和知识。金融机构应鼓励持续的职业教育和培训，使员工能够适应新的技术环境，同时机构也应该持续监测市场和技术趋势，灵活调整战略。

（4）加大技术投入和创新：通过持续的技术投资和研发，金融机构不仅可以提升客户服务和运营效率，还可以更好地管理风险。这需要对新技术保持开放的态度，并在可能的情况下，引领技术创新。

通过实施这些策略，金融机构将能够更好地融入AI的发展，引领金融服务创新，同时确保符合行业规范和伦理标准，保护消费者利益，从而在全球竞争激烈的金融市场中取得成功。

未来，人工智能将是金融领域不可或缺的一部分。面对复杂的监管环境和日新月异的技术变革，金融机构必须制定前瞻性的战略，积极拥抱创新，加强合作，以期在激烈的市场竞争中保持领先。只有在坚实的合规基础上，结合先进的技术和创新的业务模式，人工智能才能在金融领域中释放出最大的潜力，实现业务增长和风险控制的完美平衡，同时保护消费者利益和市场稳定。